Barbara Bauer

Starke Frauen zwischen Tradition und Moderne

Die weiblichen Figuren in
Gottfried von Straßburgs Tristanroman

disserta
Verlag

Bauer, Barbara: Starke Frauen zwischen Tradition und Moderne: Die weiblichen
Figuren in Gottfried von Straßburgs Tristanroman, Hamburg, disserta Verlag, 2013

Buch-ISBN: 978-3-95425-128-5
PDF-eBook-ISBN: 978-3-95425-129-2
Druck/Herstellung: disserta Verlag, Hamburg, 2013
Covermotiv: © laurine45 – Fotolia.com

Bibliografische Information der Deutschen Nationalbibliothek:
Die Deutsche Nationalbibliothek verzeichnet diese Publikation in der Deutschen
Nationalbibliografie; detaillierte bibliografische Daten sind im Internet über
http://dnb.d-nb.de abrufbar.

Das Werk einschließlich aller seiner Teile ist urheberrechtlich geschützt. Jede Verwertung außerhalb der Grenzen des Urheberrechtsgesetzes ist ohne Zustimmung des Verlages unzulässig und strafbar. Dies gilt insbesondere für Vervielfältigungen, Übersetzungen, Mikroverfilmungen und die Einspeicherung und Bearbeitung in elektronischen Systemen.

Die Wiedergabe von Gebrauchsnamen, Handelsnamen, Warenbezeichnungen usw. in diesem Werk berechtigt auch ohne besondere Kennzeichnung nicht zu der Annahme, dass solche Namen im Sinne der Warenzeichen- und Markenschutz-Gesetzgebung als frei zu betrachten wären und daher von jedermann benutzt werden dürften.

Die Informationen in diesem Werk wurden mit Sorgfalt erarbeitet. Dennoch können Fehler nicht vollständig ausgeschlossen werden und die Diplomica Verlag GmbH, die Autoren oder Übersetzer übernehmen keine juristische Verantwortung oder irgendeine Haftung für evtl. verbliebene fehlerhafte Angaben und deren Folgen.

Alle Rechte vorbehalten

© disserta Verlag, Imprint der Diplomica Verlag GmbH
Hermannstal 119k, 22119 Hamburg
http://www.disserta-verlag.de, Hamburg 2013
Printed in Germany

Inhaltsverzeichnis

1. Einführende Bemerkungen 13
2. **Die Stellung der Frau vor dem zeitgenössischen Horizont des Mittelalters** 15
   2.1. Die kultur- und sozialhistorische Perspektive 16
   2.2. Die Sicht der Kirche auf die Frau 16
   2.3. Die Frau in der feudalen Adelsgesellschaft 17
   2.4. Die mittelalterliche Ehepolitik unter den Bedingungen des Klerus 18
   2.5. Die mittelalterliche Ehepolitik im feudaladeligen Kontext 19
   2.6. Die adelige Ehefrau - Erziehung, Aufgaben und Handlungsspielraum 20
   2.7. Das Frauenbild in der höfischen Literatur 22
3. **Gottfrieds Frauenideal in den Exkursen** 25
   3.1 Die Exkurse im Tristan 25
   3.2. Gottfrieds Kritik an Gesellschaft und Ehepolitik in der *rede von guoten minnen* 26
   3.3. Die Minnegrottenallegorese: Gottfrieds Wunsch nach Vereinbarung von *minne* und *ere* 29
   3.4. Der huote-Exkurs: Gottfrieds Entwicklung der idealen Weiblichkeit 34
      3.4.1. Die *huote* als Ursache des Selbst- und Ehrverlusts der Frau 35
      3.4.2. Erster Entwurf der Frau: *Êve* und die eliminierte Sinnlichkeit 36
      3.4.3. Zweiter Entwurf der Frau: Das *reine wîp* im Kampf zwischen *lîp* und *êre* .. 36
      3.4.4. Dritter Entwurf der Frau: Das *saelige wîp* und die Versöhnung von *innen* und *uzzen* 37
4. **Blancheflur** 41
   4.1. Blancheflurs Charakterisierung auf der Ebene des Textes 41
   4.2. Blancheflurs Funktion im epischen Gefüge 44
      4.2.1. Die Elterngeschichte als Vorstellung zentraler Themen und Motive 44
      4.2.2. Das Rätsel um Blancheflurs Gefühle 45
      4.2.3. Die Verwirrung der Verliebten und ihre Annäherung 46
      4.2.4. Blancheflurs Griff zur List 48
      4.2.5. Die Liebesbegegnung am Krankenbett 49
      4.2.6. Riwalins letzter Kampf in Parmenien 50
      4.2.7. Blancheflurs Liebestod 51
      4.2.8. Die Vereinigung von Souveränität und Leiden in der Figur der Blancheflur .. 53

  4.2.9. Fazit zu Blanscheflurs Funktion im epischen Gefüge 53
 4.3. Blanscheflurs Wirken vor dem Erwartungshorizont des Mittelalters 55
  4.3.1. Die zeitgenössische Idealität ihrer Erscheinung 55
  4.3.2. Die Positionierung der Figur zwischen Heiligkeit und Sünde 55
  4.3.3. Blanscheflurs Stolz und ihre aktive Beeinflussung des Geschehens 56
  4.3.4. Ihre Bemühungen um gesellschaftliches Ansehen 57
  4.3.5. Fazit zum Vergleich mit dem mittelalterlichen Frauenbild 57

5. Floraete **59**
 5.1. Floraetes Charakterisierung auf der Ebene des Textes 59
 5.2. Floraetes Funktion im epischen Gefüge 61
  5.2.1. Floraete und Rual als Existenzsicherung für Tristan 61
  5.2.2. Die richtungweisende Funktion der Eheleute 62
  5.2.3. Der Betrug im Dienste der Sittlichkeit 62
  5.2.4. Floraetes erziehende und lehrende Funktion 63
  5.2.5. Floraetes aufopfernde Mutterliebe 63
  5.2.6. Fazit zu Floraetes Funktion im epischen Gefüge 64
 5.3. Floraetes Wirken vor dem Erwartungshorizont des Mittelalters 65
  5.3.1. Ihre Position im Ausgleich zwischen Unterordnung und Behauptung 66
  5.3.2. Die Vorbildlichkeit der Ehe zwischen Floraete und Rual 66
  5.3.3. Kirchliche Vorstellung vs. gesellschaftlicher Anspruch: Floraete schafft Harmonie 67
  5.3.4. Der Betrug als normabweichendes Verhalten? 67
  5.3.5. Die Balance zwischen häuslicher Betätigung und politischem Einfluss 68
  5.3.6. Fazit zum Vergleich Floraetes mit dem mittelalterlichen Frauenbild 69

6. Brangäne **71**
 6.1. Brangänes Charakterisierung auf der Ebene des Textes 71
 6.2. Brangänes Funktion im epischen Gefüge 74
  6.2.1. Die Identifikation des wahren Drachentöters 74
  6.2.2. Brangäne als Lebensretterin Tristans 75
  6.2.3. Brangänes Verantwortlichkeit für die Liebe zwischen Tristan und Isolde 77
  6.2.4. Die Zofe als Stellvertretung Isoldes in der Liebesnacht mit Marke 79
  6.2.5. Isoldes Mordpläne an Brangäne 80
  6.2.6. Brangänes Vergesslichkeit in der Marjodo-Episode 81

6.2.7.	Brangäne: Urheberin der Gegenlisten	81
6.2.8.	Brangänes Idee für ein heimliches Treffen	83
6.2.9.	Ihre Aufgabe als Schlichterin während der Verbannung	84
6.2.10.	Brangänes Verantwortung bei der Entdeckung der Liebenden	85
6.2.11.	Die Figur der Brangäne in den Fortsetzungen bei Ulrich und Heinrich	86
6.2.12.	Fazit zu Brangänes Funktion im epischen Gefüge	87
6.3.	Brangänes Wirken vor dem Erwartungshorizont des Mittelalters	88

7. Die ältere Isolde ... **91**

7.1.	Die Charakterisierung der älteren Isolde auf der Ebene des Textes	91
7.2.	Die Funktion der älteren Isolde im epischen Gefüge	93
7.2.1.	Die irische Königin als Erzieherin und Mutter	93
7.2.2.	Die ältere Isolde als Katalysator der Handlung	94
7.2.3.	Isoldes Mutter als Heilerin und Lebensretterin	95
7.2.4.	Die Mutter als bedeutende Hilfe bei der Partnerwahl	97
7.2.5.	Isoldes Dominanz und Sachverstand vor Gericht	98
7.2.6.	Fazit zur Funktion der älteren Isolde im epischen Gefüge	100
7.3.	Das Wirken der älteren Isolde vor dem Erwartungshorizont des Mittelalters	101
7.3.1.	Isoldes machtpolitische Dominanz über den Mann	101
7.3.2.	Ihre charakterliche Überlegenheit gegenüber dem Mann	101
7.3.3.	Isoldes Rückschritte zu mittelalterlichen Geschlechternormen	102
7.3.4.	Fazit zum Vergleich der älteren Isolde mit dem mittelalterlichen Frauenbild	103

8. Die blonde Isolde ... **105**

8.1.	Isoldes Charakterisierung auf der Ebene des Textes	105
8.1.1.	Die parallele Einführung der beiden Isolden	105
8.1.2.	Isoldes Ausbildung	106
8.1.3.	Die erste Begegnung der Liebenden	106
8.1.4.	Isoldes moralische Sozialisierung	107
8.1.5.	Isolde als Sirene	107
8.1.6.	Tristans Isoldenpreis	108
8.1.7.	Die Sonnenmetaphorik	110
8.1.8.	Die Goldmetaphorik	111
8.1.9.	Die Edelstein- und Jagdmetaphorik	112
8.1.10.	Isolde nach der Minnetrank-Episode	113

8.2. Isoldes Funktion im epischen Gefüge 114
    8.2.1. Isolde als Trägerin der Haupthandlung 114
    8.2.2. Die Ermöglichung und Verschleierung der Minne 116
    8.2.3. Der Brautunterschub 117
    8.2.4. Die Marjodo-Episode 117
    8.2.5. Die erste Baumgarten-Szene 118
    8.2.6. Das Gottesurteil 120
    8.2.7. Isolde als Mittel der Gesellschaftskritik 122
    8.2.8. Isolde als Verkörperung von Gottfrieds neuer Minnekonzeption 123
    8.2.9. Isolde als Spiegelfläche Tristans 125
    8.2.10. Fazit zur Funktion Isoldes im epischen Gefüge 127
8.3. Isoldes Wirken vor dem Erwartungshorizont des Mittelalters 128
    8.3.1. Isolde als Erbin der emanzipatorischen Anteile der Mutter 128
    8.3.2. Die andere Seite: Isoldes Normenkonformität 129
    8.3.3. Verführerische Eva oder heilige Maria? 130
    8.3.4. Der kalkulierter Einsatz mittelalterlicher Stereotype 131
    8.3.5. Fazit zum Vergleich Isoldes mit dem mittelalterlichen Frauenbild 131
8.4. Die Figur der Isolde in den Fortsetzungen bei Ulrich und Heinrich 132

9. Isolde Weißhand 135

9.1. Isolde Weißhands Charakterisierung auf der Ebene des Textes 135
9.2. Isolde Weißhands Funktion im epischen Gefüge 137
    9.2.1. Die Weißhändige als Mittel zur Erneuerung Tristans Kummer und Erinnerung 137
    9.2.2. Die dritte Isolde als kontrastierende Hervorhebung der blonden Isolde 139
    9.2.3. Die weibliche Hilfe zur Verringerung der Liebesqual 140
    9.2.4. Aussicht auf Frieden: Isolde als Hoffnungsträgerin 141
    9.2.5. Tristans erster Rückzug von Isolde Weißhand 143
    9.2.6. Tristans zweiter Rückzug von Isolde Weißhand 144
    9.2.7. Tristans dritter Rückzug von Isolde Weißhand 145
    9.2.8. Isolde Weißhand als Tristans Weg in die Identitätskrise 145
    9.2.9. Fazit zur Funktion Isolde Weißhands im epischen Gefüge 146
9.3. Isolde Weißhands Wirken vor dem Erwartungshorizont des Mittelalters 148
    9.3.1. Die weißhändige Isolde im Spiegel der Gesellschaft 148
    9.3.2. Ihr Verhältnis gegenüber der männlichen Autorität 149

9.3.3.	Die Figur als Ausdruck von mittelalterlicher Misogynität?	150
9.3.4.	Der Wandel von der passiven zur aktiven Nebenfigur	151
9.3.5.	Fazit zum Vergleich Isoldes Weißhands mit dem mittelalterlichen Frauenbild	151
9.4.	Isolde Weißhands Handlungsrolle in den Fortsetzungen	152
9.4.1.	Die weißhändige Isolde bei Ulrich von Türheim	152
9.4.2.	Die weißhändige Isolde bei Heinrich von Freiberg	156
9.4.3	Fazit zur Rolle der Isolde Weißhand in den Fortsetzungen	158
9.5.	Isolde Weißhand unter Berücksichtigung der Aspekte der übrigen Frauenfiguren	158

10. Abschließende Bemerkungen **161**

11. Literaturverzeichnis **163**

1. Einführende Bemerkungen

Die Geschichte um Tristan und Isolde ist diejenige zweier Liebender, „die – von einer glühenden, alles vergessen machenden Leidenschaft überwältigt – alle Vernunft, alle Normen gesellschaftlichen Zusammenlebens, alle Not und Gefahr ignorieren."[1] Das zutiefst Menschliche des spannungsreichen Mit- und Gegeneinanders von Mann und Frau garantiert dabei die Unvergänglichkeit des Stoffes, der auch in der Gegenwart noch verarbeitet wird.

Als Grundlage der Tristandichtung nimmt man in der Forschung ein in der Mitte des 12. Jahrhunderts altfranzösisches Versepos, die so genannte »Estoire«, an. Von dieser leitet sich das altfranzösische Epos eines Mannes namens Berol (um 1179/80), ein ebenso nur fragmentarisch erhaltenes Werk des Autors Thomas de Bretagne (zwischen 1172-1235), der altfranzösische Prosa-Tristan (um 1225-1235) und das vollständig überlieferte mittelhochdeutsche Versepos des Dichters Eilhardt von Oberg (um 1170) ab.[2]

Der deutsche Epiker Gottfried von Straßburg stützt sich auf die Version von Thomas de Bretagne und dichtet zwischen 1200 und 1210 das unvollendete Werk ‚Tristan', das als „klassische Stoffrepräsentation des Mittelalters gilt"[3]. Da der Roman aufgrund Gottfrieds Tod zu keinem Abschluss kommt, setzen Ulrich von Türheim und Heinrich von Freiberg die Handlung im 13. Jahrhundert fort.

Da die den Protagonisten umgebenden weiblichen Nebenfiguren allesamt einen bedeutenden Einfluss auf die epische Gesamtentwicklung des Romans haben, soll die vorliegende Studie zu ihrer näheren Untersuchung beitragen. Gottfried setzt bei der Ausarbeitung der Frauen überdies Akzente, die vor dem Horizont des Mittelalters sehr modern erscheinen. Ferner entwirft er innerhalb des Romans ein weibliches Idealbild, das einer näheren Untersuchung bedarf.

Die weiblichen Nebenfiguren werden deshalb zunächst anhand ihrer Charakterisierung auf der Textebene genauer beleuchtet. Dem folgt eine Analyse der Funktionen, welche die Frauen innerhalb der einzelnen Szenen einnehmen. Diese Vorgehensweise ermöglicht im weiteren

---

[1] Buschinger/Spiewok (Hrsg.), 1991, S. 7.
[2] Vgl. Ebd. S. 9.
[3] Ebd. S. 10.

Verlauf der Arbeit die Feststellung von Abweichungen oder Entsprechungen zum mittelalterlichen Frauenbild.

Zuvor jedoch bleibt es unerlässlich, das generelle Konzept der Frauenrolle im Mittelalter zu klären und die Weiblichkeitsvorstellung des Autors in den Exkursen zu durchleuchten.

2. Die Stellung der Frau vor dem zeitgenössischen Horizont des Mittelalters

Eine Darstellung der zeitgenössischen Sicht der Frau und ihrer Stellung im feudalhöfischen Kontext soll zunächst zu einer Öffnung des Blickfelds beitragen.

Isolde entspricht nämlich keineswegs dem Bild der „immer wieder als vollkommen apostrophierten und interpretierten höfischen Dame"[4], deren Hauptaufgabe laut Mälzer primär darauf ausgerichtet war, zur Mehrung der *vröude* der feudalen Gesellschaft beizutragen und als Erziehungsinstanz ihres Mannes zu wirken, dem sie Ansporn auf dem Weg ritterlicher Bewährung sein soll.

Indem Gottfried Isolde im Speziellen und die übrigen Frauengestalten des Tristanromans im Allgemeinen mit einer mehr oder weniger ausgeprägten Differenz zum zeitgenössischen Frauenideal versieht, übt er zugleich Kritik an der damals üblichen Sicht auf das weibliche Geschlecht.

Bei der Analyse von Tristan ist es deshalb notwendig, die *vrouwe* nicht in erster Linie in Ausrichtung auf den *riter* zu analysieren, „denn erst dann eröffnet sich die Möglichkeit, eine potentielle ‚Individualität' dieser Frauengestalten sichtbar zu machen"[5], so Mälzer.

Aus diesem Grund soll zunächst ein Blick auf die historische Bedeutung der Frau im Mittelalter geworfen werden. Opitz weist darauf hin, dass dabei jedoch der Versuchung widerstanden werden muss, Wertmaßstäbe und Kriterien aus der heutigen Zeit in die Bewertung der damaligen Stellung der Frau einfließen zu lassen, weil diese für die Erfahrungs- und Erwartungshorizonte der damaligen Epoche nicht zwangsläufig zutreffen würden.[6]

---

[4] Mälzer, 1991, S. 2.
[5] Ebd. S. 2.
[6] Vgl. Opitz, 1991, S. 25.

2.1. Die kultur- und sozialhistorische Perspektive

In der streng patriarchalisch strukturierten, mittelalterlichen Gesellschaftsordnung um 1200 war es die zeitgenössische Realität, dass sich die Frau unter die männliche Autorität ordnete. Dies wurde vor allem mit der sowohl vom Adel als auch vom Klerus unangezweifelten und gottgewollten „Inferiorität der Frau"[7] begründet, welche sie zu einer reinen Funktionsträgerin des Mannes machte. Die Frau konnte weder ihre eigene Persönlichkeit frei und selbstbestimmt entfalten, noch wurde sie als eigenständiges Subjekt wahrgenommen. Ihre Existenz war durch die übergeordnete Stellung des Ehemannes bedingt.

2.2. Die Sicht der Kirche auf die Frau

Das zur Zeit des Hochmittelalters vorherrschende Frauenbild war seitens der Kirche vor allem von Misogynität geprägt. Weltliche Entsagung und ein Leben im Dienste Gottes waren zwar sichere Garanten für die kirchliche Anerkennung der Frau, konnten aber dennoch nicht ihre von Natur aus schlechten Charakter aufwiegen. Das weibliche Geschlecht ist in den Augen der Kirche „der Ursprung alles Bösen"[8]: „Dadurch, daß Eva Adam dazu verleitet hatte, vom Baum der Erkenntnis zu essen, wurde sie zur Verkörperung der sexuellen Verlockung des Mannes."[9]

Den Grund für die ablehnende Haltung gegenüber der Frau im Mittelalter sieht Mälzer im neurotischen und repressiven Zwangscharakter der mittelalterlich-christlichen Sexualnormen begründet.[10] Bußmann spricht ebenfalls von der Tatsache der Frauendiskriminierung und einem damit untrennbar verbundenen Sexualpessimismus, der weitgehend auf der Theologie der Kirchenväter basiert.[11]

Um die Wende vom 11. zum 12. Jahrhundert entstand jedoch ein komplementäres Bild zum bisherigen Frauenverständnis, nämlich das der heiligen Jungfrau Maria. Der sich daraus entwickelnde Marienkult trug allerdings nur mäßig zu einem Umdenken in Bezug auf die

---

[7] Mälzer, 1991, S. 7.
[8] Ebd. S. 9.
[9] Ebd. S. 10
[10] Vgl. Ebd. S. 11.
[11] Vgl. Bußmann, 1991, S. 119.

Rollenverteilung der Geschlechter bei, die Vorstellung von der weiblichen Inferiorität wurde auch im folgenden Jahrhundert weiter tradiert.

Die Funktionen der Frau waren aus klerikaler Sicht eindeutig definiert und begrenzten sich auf die Erzeugung und anschließende Aufzucht von Nachkommen. Zudem hatten die beiden Traditionslinien von Eva und Maria ein gemeinsames Postulat: Die Verdammung des Geschlechtlichen.[12] Der Erfolg zeichnete sich schnell ab: Weiblichkeit, Leiblichkeit und Sexualität gerieten immer mehr unter das Stigma der Negativität, ja sogar der Sündhaftigkeit.[13]

2.3. Die Frau in der feudalen Adelsgesellschaft

Der Mythos vom Sündenfall Evas im Paradies bestimmte auch die gesellschaftliche Sicht auf die Frau im Mittelalter. Genau wie aus der klerikalen Perspektive sollte sie sich aufgrund ihrer von Eva entlarvten Schwachheit dem Mann unterordnen und sich der ihr zugeteilten Bestimmung, nämlich der Lustbefriedigung des Mannes und der Funktion als Tauschobjekt bei politischen Heiratsverträgen, widmen.[14]

Bis auf wenige Ausnahmen, in denen sich die Frau der höfischen Gesellschaft zeigen durfte, war ihr Dasein auf die Kemenate beschränkt, während sich der Mann, der gleichzeitig der Vormund seiner Gattin war und dem sie bei Bedarf auch in sexueller Hinsicht zur Verfügung zu stehen hatte, in der kriegerischen Sphäre unter seinesgleichen befand.

Das Betätigungsfeld mittelalterlicher Edelfrauen, welche rechtlich und finanziell abhängig vom Mann waren, hatte meist einen ausschließlich häuslichen Charakter. Ihr wurde wenig Respekt entgegengebracht, weswegen der höfische Frauendienst, der im Minnesang verherrlicht wird, laut Mälzer eher eine Ausnahme darstellte[15]. Obwohl die Frau *per legem* weder Rechtsperson noch vollfrei war und man ihr die Übernahme öffentlicher Ämter nicht gestattete, fanden dennoch viele Edelfrauen den Weg zu politischer Verfügungsgewalt.

---

[12] Vgl. Mälzer, 1991, S. 14.
[13] Vgl. Bußmann, 1991, S. 120.
[14] Vgl. Mälzer, 1991, S. 18.
[15] Vgl. Ebd. S. 19.

2.4. Die mittelalterliche Ehepolitik unter den Bedingungen des Klerus

Die Kirche, deren Vorstellungen im Großen und Ganzen zwei Frauenbilder beinhaltete – das der sinnlichen und somit schändlichen Eva und das der glorifizierten Maria, die sich gänzlich einem asketischen Lebenswandel zuwendet – gestattete die Ehe nur aus einem Grund, nämlich der Vermeidung von Unzucht.

Die kirchlichen Würdenträger stützten sich damit auf Augustinus' These der drei Ehegüter, welche die Funktionen der Ehe bestimmen sollten: *Bonum prolis,* die Erzeugung und Erziehung von Nachkommen, *bonum fidei,* die Erfüllung der gegenseitigen Treue und *bonum sacramenti*, das Postulat von der unauflöslichen Ehe als heiligem Sakrament.[16] „Akzeptieren die Ehepartner diese Ehegüter, dann, und nur dann ist der eheliche Akt gottgewollt und nicht sittlich zu verwerfen"[17], so Bußmann.

Die Ehe im heutigen Verständnis, welche mit gegenseitiger Liebe aber auch Lust an Körperlichkeit verbunden ist und primär die emotionale Befriedigung der Partner zum Ziel hat, war zu dieser Zeit nicht denkbar. Körperliche Sehnsüchte waren verpönt, ganz besonders bei der Frau, es sei denn, sie dienten der Zeugung der Nachkommenschaft.

Auch bei der Fortpflanzung zeigte sich die inferiore Stellung der Frau, die eher als Gehilfin des Mannes statt als gleichwertige Partnerin gesehen wurde: „Die Frau wird verglichen mit der Erde, die den Samen des Mannes lediglich passiv aufnimmt."[18] Die Ehe war somit eher eine Zweckgemeinschaft als eine auf gegenseitige Liebe basierende Partnerschaft. Folglich war auch der Wille der Frau kein wesentlicher Hinderungsgrund für das Zustandekommen einer Heirat.

Erst Mitte des 12. Jahrhunderts setzte sich langsam das Prinzip der Konsensehe durch, was aber in der Realität oftmals nur eine formale Angelegenheit blieb. „Dennoch […] gewann die Liebe als Grund für eine Eheschließung langsam an Bedeutung; sie wurde nicht ausnahmslos als *malum* verdammt."[19]

In der Rangordnung der Geschlechter belegte die Frau jedoch immer noch Platz zwei, was sich vor allem auf die Regeln bezüglich des Geschlechtsverhaltens auswirkte: „[Die] weibli-

---

[16] Vgl. Ebd. S. 15; Vgl. Schlösser, 1960, S. 265f.
[17] Bußmann, 1991, S. 122.
[18] Ebd.
[19] Mälzer, 1991, S. 16.

che Sexualität [wurde] viel stärker diskreditiert als die männliche."[20] So musste die Frau nicht nur unberührt in den Stand eintreten, sie verpflichtete sich auch, jedem freizügigen Verhalten zu entsagen, während der Mann nicht obligatorisch auf die Polygamie verzichten musste. „Die Restriktionen, mit denen die Ehe belegt wurde, trafen vor allem die Frau",[21] fasst Mälzer zusammen.

2.5. Die mittelalterliche Ehepolitik im feudaladeligen Kontext

Während eine Ehelichung aus der Sicht der Kirche den Zweck erfüllte, Unzucht zu vermeiden und für eine sichere Nachkommenschaft zu sorgen, wollte man nach feudalem Verständnis die Brautleute aus politischen, dynastischen oder ökonomischen Überlegungen verheiraten. So konnte man verfeindete Adelshäuser miteinander versöhnen, innen- und außenpolitisch seine Macht erweitern, verlorene Territorien zurückerobern oder seinen Besitz ausdehnen.

Nicht persönliche Sympathien spielten bei der Partnerwahl eine Rolle, sondern rein strategische Gesichtspunkte, was vor allem die Entscheidungsmacht und den Handlungsspielraum der Frau enorm einschränkte: „Der eigene Familienverband sowie der des zukünftigen Ehemannes betrachtete die Frau als Geschäfts- und Heiratsobjekt[22], als Ware, die man gegen einen bestimmten Wert eintauschte"[23]. Eine wertvolle Mitgift steigerte dabei die Attraktivität der Zukünftigen und somit auch den Heiratswillen des ledigen Mannes.

Mit der Eheschließung trat die Frau in die Vormundschaft ihres Gatten ein und wurde von diesem versorgt, da sie selbst, bis auf ihre Mitgift, mittellos war. Laut Mälzer war sie zur damaligen Zeit auf ihren „Funktionswert", nämlich auf ihren „sozialen, politischen und dynastischen"[24] reduziert.

Während die Kirche die Unauflöslichkeit der Ehe propagierte, war es aus feudaler Sicht möglich, diese durch eine Scheidung zu beenden, was vor allem dann der Fall sein konnte, wenn die Ehefrau keinen Beitrag zur Sicherung der Nachkommenschaft leisten konnte.

---

[20] Ebd. S. 17.
[21] Ebd. S. 18.
[22] Vgl. Wiegand, 1972, S. 26.
[23] Mälzer, 1991, S. 25.
[24] Ebd. S. 26,

Auch die Untergeordnetheit der Frau lässt an die klerikale Sichtweise der Ehe erinnern. Dies wird vor allem an der Gepflogenheit deutlich, dass der Mann die Frau im Falle eines Ehebruchs verstoßen oder sogar straflos töten durfte, während sie selbst keine Möglichkeit hatte, sich gegen die Untreue ihres Angetrauten zu wehren. Generell schuldete die Frau ihrem Mann absolute Gehorsam, was „notfalls auch mit Prügeln einfordert werden konnte [...] (*potestas maritalis*)"[25] Für Liebe war im damaligen Verständnis von Ehe kein Platz.

2.6. Die adelige Ehefrau - Erziehung, Aufgaben und Handlungsspielraum

Während junge Männer am Hof hauptsächlich für die späteren Kriegshandlungen ausgebildet wurden und sich im Turnierkampf übten, war die Erziehung der Mädchen eher geprägt von der Entwicklung feinerer Fähigkeiten wie den richtigen Umgangsformen und Fertigkeiten wie Reiten, Jagen, Schachspielen, Tanzen, Musizieren und Handarbeiten. Der vor allem nach Unterhaltung trachtende Wert der damaligen Frau trat deutlich hervor.

Dieser Ausbildung zugrunde lag eine strenge Wertevermittlung, die die Tugenden der *zuht* und *maze* mit einschloss. Die höfische Edelfrau sollte ihr Ansehen in der Gesellschaft durch normkonformes Verhalten bewahren und so „zum hohen *muot* ihrer Umgebung und besonders des Mannes beitragen"[26]. Mälzer bezeichnet die Frau demzufolge als „Instrument, das der Vervollkommnung des Mannes dienen sollte"[27], denn diesem war sie zu Gehorsam, Demut, Unterwürfigkeit und Respekt verpflichtet. Dazu war es notwendig, als Jungfrau in den Ehestand einzutreten, was durch eine strenge Beaufsichtigung der adeligen Mädchen gewährleistet wurde.

In einem Bereich jedoch war die Frau dem Mann überlegen, nämlich auf dem Gebiet der intellektuellen Ausbildung. Gerade Frauen höherer Schichten konnten geistig tätig werden und so ein Mindestmaß an Selbstbestimmung erlangen. „Die Ehefrau richtete oftmals an ihren Höfen kulturelle Zirkel ein, auf denen sich gebildete Kleriker, Minnesänger, Dichter und fahrende Spielmänner trafen."[28] Häufig wurden die jungen Frauen sogar in der lateinischen Sprache unterrichtet.

---

[25] Ebd.
[26] Ebd. S. 22ff.
[27] Ebd. S. 23.
[28] Ebd. S. 21.

Als Musterbeispiel für die Erziehung eines adeligen Mädchens greift Mälzer auf die blonde Isolde zurück, betont aber zugleich, dass ihr Bildungsstand weit über dem einer durchschnittlichen Adelstochter liegt. Gottfried weist folgendermaßen auf die hohe intellektuelle Ausbildung Isoldes hin:

> *si kunde ê schoene vuoge*
> *und höfscheit genuoge*
> *mit handen und mit munde.*
> *diu schoene si kunde*
> *ir sprâche dâ von Develîn,*
> *si kunde franzois und latîn,*
> *videlen wol ze prîse*
> *in welhischer wîse.* [29]

Neben den höfischen Fertigkeiten und feinen Künsten beherrscht Isolde also auch Englisch, Französisch und Latein und zeichnet sich durch ihre musikalische Begabung aus. Der Spielmann Tantris lehrt Isolde zudem in der Sittenlehre, der sogenannten *morâliteit*[30], welche für Gottfried eine ganz besondere Stellung in der Erziehung einer Adelstochter einnimmt, da auf diesem sittlichen Grundstock die weitere Ausbildung aufbaut:

> *wan sîne hânt guot noch êre,*
> *ezn lêre sî morâliteit.*[31]

Obwohl der Handlungsspielraum der adeligen Hofdame durch die untergeordnete Position zum Mann im Allgemeinen eher begrenzt war, gab es eine Anzahl von Edelfrauen, auf welche die Restriktionen der Muntehe nicht zutrafen und die verantwortungsvolle Aufgaben am Hof übernehmen mussten. Je höher diese Frauen in der sozialen Hierarchie standen, desto größer war ihr Einflussbereich.

So kümmerten sich die Edeldamen in Friedenszeiten um die komplexe Organisation des Burghaushalts, versorgten Kranke und Verletzte, widmeten sich der Kindererziehung oder übernahmen karitative Aufgaben. An Kompetenz und Bereitschaft durfte es der Edelfrau nicht fehlen, wenn es galt „[sich] während der Abwesenheit des Burgherrn um seine Ländereien zu kümmern, die Burg vor Angriffen zu verteidigen [...] und Rittern, Hofbeamten und der Dienerschaft ihre Löhne zu zahlen [...]"[32]. Die Frauen schlüpften folglich in die Rolle des Mannes, übernahmen dessen Aufgaben, handelten gemäß seinem Ansinnen und konnten somit auch ihren Status dem seinen angleichen.

---

[29] Gottfried von Straßburg: Tristan. Band 1. 2006[11]. V. 7979ff..
[30] V. 8020.
[31] V. 8019ff.
[32] Mälzer, 1991, S. 29.

In Deutschland war die gemeinsame Regentschaft eines Herrscherpaares bis ins 12. Jahrhundert hinein bereits rechtlich festgelegt. Dies wird durch den Begriff „consortium imperii"[33] ausgedrückt. In der späteren Stauferzeit reduzierte sich der Aufgabenbereich der Edeldame wieder stark auf repräsentative Funktion am Hof. Auch in der zeitgenössischen Literatur trifft man eher selten auf diese einflussreichen Herrscherdamen, wenn, dann eher in abgeschwächter Version. Eine Ausnahme stellt hierbei Gottfrieds von Straßburg Konzeption der Königin von Irland, der *wisen* Isolde, dar.[34]

2.7. Das Frauenbild in der höfischen Literatur

Grundsätzlich lässt sich feststellen, dass Klerus und Adel in der auf den Lehren der Kirchenväter gründenden Annahme der Inferiorität des weiblichen Geschlechts übereinstimmen. Diese realhistorischen Tendenzen werden auch im Frauenbild der höfischen Literatur reflektiert.[35]

Das Erscheinungsbild der Frau im höfischen Roman ist sehr vielfältig, so tritt sie als strahlend-schöne Hofdame, als hässliche Gralsbotin, als hochmütig-abweisende Minneherrin oder als liebende, sich unterordnende Ehefrau auf. Die unterschiedlichen Ausgestaltungsvarianten haben jedoch eine Gemeinsamkeit: Allesamt erfüllen die Frauen bestimmte Funktionen bzw. haben einen gewissen Wert für die männlichen Protagonisten, was wiederum die These der weiblichen Objekthaftigkeit stützt. Da die Frau im höfischen Roman nur im Bezug auf die Aufgabe, die sie für den Mann hat, interessant ist, haftet ihr oftmals eine gewisse Passivität, häufig sogar Selbstverleugnung, Entsagung oder auch ein Gefühl der Resignation an. „Anerkennung ist [nur] zu erreichen, wenn sie sich diese Wertvorstellungen zu eigen gemacht hat – dies ist in der Stilisierung der höfischen Dame zur Minneherrin und zur sich unterordnenden Ehefrau realisiert"[36], bestätigt Mälzer.

Inwiefern dies auf die Frauenfiguren im Tristanroman zutrifft, soll im weiteren Verlauf der Arbeit noch eingehend geklärt werden. Fest steht jedoch, dass die Frau im höfischen Roman abhängig ist von zwei Faktoren, denen sie ihre eigenen Interessen unterzuordnen hat: Von der

---

[33] Vgl. Ennen, 1984, S. 230.
[34] Vgl. Ebd. S. 27-30.
[35] Vgl. Ebd. S. 31.
[36] Ebd. S. 31.

Kirche einerseits, der sie hinsichtlich ihrer Tugenden verpflichtet ist, und von der Gesellschaft andererseits, deren Erwartungen sie zu erfüllen und in deren für sie vorgesehenen Handlungsspielräumen sie sich einzufügen hat.

3. Gottfrieds Frauenideal in den Exkursen

Unabhängig von dem im Mittelalter vorherrschenden Bild der Frau, ihrer gesellschaftlicher Stellung, ihren Pflichten und Rechten, besitzt Gottfried eine ganz eigene Sichtweise auf die Weiblichkeit und auf deren Bedeutung im höfisch-mittelalterlichen Kontext. Dies offenbart er dem Leser in den Exkursen seines Romans, die in die Handlung eingebettet sind.

3.1 Die Exkurse im Tristan

Tomasek gliedert die Gesamtheit der Exkurse unter einem thematischen Gesichtspunkt und gelangt zur Einteilung in eine kleine Gruppe literaturtheoretisch und stoffgeschichtlich motivierter Exkurse einerseits[37] sowie in die drei großen Minneexkurse, welche die aktuelle Bedeutung des Handlungsgeschehens herausheben sollen, andererseits.[38] Besonders aufschlussreich für eine Analyse des Gottfried'schen Frauenbildes gestalten sich dabei Letztere, deren Funktion Tomasek treffend beschreibt: „Ihre Aufgabe ist, das auf der Handlungsebene Geschehende ins Exemplarische und Gegenwärtig-Aktuelle zu erheben und dadurch die literarische Welt mit dem Leben des Rezipienten zu korrelieren"[39].

Die Minnexkurse setzen sich zusammen aus der sogenannten Minnebußpredigt[40], der Grottenallegorese[41] und dem *huote*-Exkurs[42] und haben die Aufgabe, als Exkurshaltung auf das an Tristan und Isolde vollzogene Schicksal zu reagieren und somit eine gewisse interpretatorische Distanz zu erlauben.[43] Da der Autor in allen drei Exkursen den Zustand der Wirklichkeit als unzureichend empfindet, entwirft er jeweils ein utopisches Idealbild, welches seine Wünsche und Vorstellungen bezüglich einer gesellschaftlichen Veränderung widerspiegelt. Die Stellung der drei großen Exkurse im epischen Gefüge ist dabei nicht unwesentlich: „Die *rede von minnen* steht unmittelbar nach dem ersten Vollzug der Liebesgemeinschaft nach dem

---

[37] V. 4588ff, V.7935ff, 8601ff.)
[38] Vgl. Tomasek, 1985, S. 117.
[39] Ebd. S. 117.
[40] V. 12183ff.
[41] V. 16923ff.
[42] V. 17858ff.
[43] Vgl. Tomasek, 1985, S. 119.

Minnetrank, der *huote*-Exkurs direkt vor dem letzten Beisammensein vor der Trennung, die Grottenallegorese zwischen diesen beiden auf dem Höhepunkt der Liebesbeziehung"[44]

Somit befinden sich die Exkurse an denjenigen Punkten des Handlungsstranges, an denen Tristan und Isolde eine Kombination der Liebesgemeinschaft mit dem höfischen Zusammenleben noch nicht versagt ist.

3.2. Gottfrieds Kritik an Gesellschaft und Ehepolitik in der *rede von guoten minnen*

In einer eindringlichen Zeitklage, welche der erste der drei Minneexkurse, nämlich die *rede von guoten minnen*, darstellt, macht Gottfried den Rezipienten auf die gegenwärtig bestehende „Diskrepanz von Ideal und Wirklichkeit"[45] aufmerksam. Er kritisiert, indem er auf die Problematik einer Realisierung der Tristan-Minne hinweist, in verdeckter Weise die Heiratspolitik des Mittelalters. Der Autor bringt so eine generell „gegenwartskritische Einstellung zum Ausdruck"[46].

Pfeiffer sieht in diesem Textabschnitt die Funktion der kontrastierenden Darstellung von der verwirklichten Tristan-Minne der Liebenden als Ausgangspunkt und Grundthema und der verdorbenen Minne als Umkehrung des im Roman entworfenen Minneideals.[47] Auch Tomasek spricht von einem Wechsel zwischen der „Darstellung dessen, was sein soll und Kritik dessen, was ist" als den beiden Grundelementen von Utopie.[48]

Die Tatsache, dass Gottfried in der ersten Person Plural spricht, verleiht der Rede nicht nur den bußpredigthaften Charakter, sondern macht zeitgleich klar, dass er sich bei seiner Kritik nicht ausnimmt. Er bezieht sowohl sich selbst, als auch die Gesellschaft mit ein und macht sie so zur Zielscheibe seiner Vorwürfe.

Gleich zu Beginn offenbart Gottfried die angenehmen Eigenschaften der *guoten minnen*[49] welche für denjenigen, der *ir mit triuwen pflaege*[50] untrennbar verbunden ist mit *senften*

---

[44] Vgl. Ebd. f.
[45] Tomasek, 1985, S. 121f.
[46] Ebd. S. 136.
[47] Pfeiffer, 1970, S. 194.
[48] Vgl. Tomasek, 1985, S. 140.
[49] V. 12185.
[50] V. 12214.

herzesmerzen[51] und großer *vröude*[52]. Doch nennt er auch die Gegenspielerin dieser vorbildlichen Tristan-Minne, *die leiden huote, die wâren suht der minne, der minnen vîendinne*[53]. Somit entlarvt er die „gesellschaftliche Überwachung der Liebenden als eine bedeutsame Leidquelle"[54].

Gottfried zufolge werden die meisten Menschen der wahren Liebe nicht gerecht, denn sie betreiben diese *mit velschlîchen sachen*[55], was an „den schlechten Sitten der Gegenwart"[56], die im darauf folgenden Bild des Ackerbaus zu Tage treten, konkretisiert wird. Gottfried beklagt, dass die Liebe mit *gegelletem sinne, mit valsche und mit âkust*[57] angebaut wird, um dann zu Unrecht Glück für Leib und Herz zu erwarten. „Dieses Bild impliziert [...] eine gewisse Abhängigkeit des Menschen von seinen pervertierten Verhaltensweisen, die einmal vorhanden, ihm selbst ebenso *leit* zufügen, wie sie die Minne entehren"[58], präzisiert Pfeiffer. Tomasek sieht in dieser Metapher den „Wunsch nach einem veränderten Verhaltensmaßstab in einem neuen Paradigma der Minne"[59].

Das zweite Problem ist Gottfried ebenfalls bewusst: Jeder strebt nach der *staete vriundes muot*[60], doch allen ist diese dauerhafte Freundschaft versagt. Vermutlich sieht Gottfried den Grund dafür darin, dass in mittelalterlichen Eheerwägungen nicht liebevolle Gefühle, sondern machtpolitische Interessen, gesellschaftliches Ansehen und materieller Besitz im Mittelpunkt stehen. Die Liebe ist letztendlich käuflich geworden. Gottfried zeigt das Resultat dieses Verhaltens in einer „allegorischen Darstellung der entehrten Minne"[61] auf: *Minne ist getriben unde gejaget in den endelesten ort.*[62]

Eine weitere Eigenschaft, die der Liebe der damaligen Gegenwart fehlt, ist Gottfrieds Ansicht nach eine *triuwe, diu von herzen gât*[63], von welcher der Mensch jedoch die Augen abwendet: *wir haben si mit unwerde vertreten in der erde*[64]. Diese Worte geben Anlass zur Vermutung,

---

[51] V. 12190.
[52] V. 12214.
[53] V. 12196ff.
[54] Tomasek, 1985, S. 139.
[55] V. 12225.
[56] Pfeiffer, 1970, S. 195.
[57] V. 12236.
[58] Pfeiffer, 1970, S. 197.
[59] Tomasek, 1985, S. 142.
[60] V. 12269.
[61] Pfeiffer, 1970, S. 195,
[62] V. 12280f.
[63] V. 12336.
[64] V. 12341.

dass Gottfried die zu dieser Zeit üblichen, im hohen Stand alltäglichen ehebrecherischen Tendenzen auf das Schärfste verurteilt und stattdessen die reine Liebe, die auf einem gemeinsamen Fundament des Vertrauens fußt, gutheißt.

Nach Tomasek bewirkt die Abwendung von der wahren Treue, dass die Menschheit selbstbetrügerisch entgegen ihrer eigenen Interessenslage handelt.[65] Gottfrieds Idealbild der Liebe zwischen Mann und Frau, nämlich die utopische und den gesellschaftlichen Verhältnissen entgegengesetzte Vorstellung von *triuwe under vriunden*[66] „bildet als Wunschbild den Abschluss"[67]:

> *ein blic, ein inneclich gesiht*
> *zu herzeliebes ougen,*
> *der leschet ane lougen*
> *hundert tusent smerzen*
> *des libes unde des herzen.*
> *ein kus in liebes munde,*
> *der von des herzen grunde*
> *her uf geslichen kaema*
> *ohi waz der benaeme*
> *seneder sorge und herzenot!* [68]

Diese Liebeskonzeption hat nicht nur unfeudalen Charakter,

> *sie stellt eine volle, leiblich-seelische Liebesgemeinschaft*[69] *gleichberechtigter Partner dar und bedeutet die vorbehaltlose und aufrichtige Hingabe der Liebenden zueinander. Sie ist nicht an gesellschaftliche Vorbedingungen geknüpft und ist ganz auf Erfüllung konzentriert.* [70]

Aus Gottfrieds Blickwinkel kann also von einer Ausdifferenzierung der Problematik „Liebe und mittelalterliche Gesellschaft" in drei Teile gesprochen werden: Der Autor kritisiert zunächst in der Ackerbau-Metapher den falschen Umgang mit der Liebe, allegorisiert jene anschließend als entehrte Minne und beklagt schließlich, wie wenig Beachtung der Treue im zeitgenössischen Hofleben geschenkt wird.

All diese Kritik lässt Gottfrieds Einstellung zur in seinen Augen offenbar bedauernswerten Position der Frau erahnen. Diese Stellung kehrt er in seinem Roman, in dem er alle gesellschaftlichen Verpflichtungen außer Kraft setzt und die Aufrichtigkeit der Liebe zwischen Tristan und Isolde hervorhebt, um. In seinen Augen hat der Mensch durch die gesellschaftlichen Rahmenbedingungen und der materialistischen Ehepolitik seiner Zeit die „Verkehrung

---

[65] Tomasek, 1985, S. 148.
[66] V. 12345.
[67] Pfeiffer, 1970, S. 196.
[68] V. 12348ff.
[69] Spiess, 1957, S. 131f.
[70] Tomasek, 1985, S. 148.

der idealen Minne"[71], wie Pfeiffer das Negativbild der Liebe beschreibt, selbst verschuldet und könnte, wenn er nur wollte, die gesellschaftliche Determination der Liebe aus eigener Verantwortung ändern:

> *so guot, so lonbaere*
> *triuwe under vriunden waere,*
> *war umbe lieben wir si niht?*[72]

3.3. Die Minnegrottenallegorese: Gottfrieds Wunsch nach Vereinbarung von *minne* und *ere*

Auch der zweite der drei großen Minneexkurse ist bezüglich Gottfrieds Sicht auf die Frau im Mittelalter sehr aufschlussreich. Seine Beschreibung des gemeinsamen Zusammenlebens von Tristan und Isolde in der Minnegrotte entspricht der Beschreibung einer höchsten und idealen Form der Liebe, welche von der Autonomie der Individuen geprägt ist. Dies bestätigt das im Text beschriebene Gesellschaftswunder, in dem die Liebenden in der Anwesenheit des Partners ihre Genugtuung finden:

> *nu wes bedorften s'ouch dar in*
> *oder waz solt ieman zuo z'in dar?*
> *sie haeten eine gerade schar:*
> *dane was niuwan ein und ein.*[73]

„Die Liebe des eigenständigen Paares erscheint als nicht mehr überbietbares Absolutum irdischen Glücksstrebens überhaupt", so Tomasek.[74]
Die Liebenden benötigen auch zur leiblichen Wohlfahrt nichts außer der anderen Person. Diese „Liebesautarkie der individuellen Existenz"[75] zeigt sich deutlich im Speisewunder:

> *si sâhen beide ein ander an,*
> *dâ generten sî sich van.*
> *der wuocher, den daz ouge bar,*
> *daz was ir zweier lîpnar.*[76]

Im Grottenleben sowie in der tropologischen Ausdeutung des Grotteninneren, welche die Handlungsebene laut Tomasek „transzendiert"[77], manifestieren sich die für Gottfried zentra-

---

[71] Pfeiffer, 1970, S. 198.
[72] V. 12345ff.
[73] V. 16850ff.
[74] Tomasek, 1985, S. 155.
[75] Ebd.
[76] Vers 16815ff.
[77] Tomasek, 1985, S. 158.

len Werte der Tristan-Minne, die Grotte wird zu einem „universalen ethischen Sinn-Gebäude"[78]: Die Rundung des Grottengewölbes steht sinnbildlich für die *einvalte an minnen*[79] dessen Weite für die *minnen craft*[80] und die Höhe, *deist der hôhe muot.*[81] Die weiße, glatte und ebene Wand verdeutlicht der *durnehte recht*[82], wohingegen der marmorgrüne Fußboden der *staete*[83] gleicht. Das kristallene Bett inmitten der Minnegrotte trägt Gottfrieds Ansicht nach dieselben Charakteristika wie die Liebe selbst, denn es ist *cristallîn, durchsihtic* und *durchlûter*[84]. Der schmuckvoll verzierte Schlussstein der Grotte spiegelt die höchste Vollendung sowie die vollständige Erfüllung der Minne, die in der Gottfried'schen Liebeskonzeption zwar möglich, jedoch sehr selten und von hoher Exklusivität ist. Davon zeugt die schwierige Lokalisierbarkeit und somit die nur wenigen Menschen vorbehaltene Zugänglichkeit der Grottenregion: „[...] die ideale Zeit- und Ortlosigkeit der Grotte zeigt nicht nur deren [...] Distanz gegenüber der Normalität, sondern auch die universale Gültigkeit ihres Anspruchs"[85], bestätigt Tomasek.

Der Autor gibt dem Leser hier Einblicke in seine persönliche Vorstellung von Liebe und Partnerschaft, welche nicht etwa auf den feudalpolitisch ausgerichteten Werten der mittelalterlichen Hofgesellschaft beruht, sondern auf der völligen Einheit und Symbiose von Mann und Frau. Somit lässt Gottfried die Grundzüge seiner Sicht auf die Frau im Mittelalter an die Oberfläche treten.

Der Innenraum der Grotte und die damit verbundenen Tugenden beschreiben ausschließlich das Innere der idealen Minnebeziehung, was für Gottfried jedoch nicht als ausreichend für die Definition der wahren Liebeskonzeption scheint. Er bezieht sich deshalb in seinen nachfolgenden Ausführungen auch auf das Verhältnis der Minne zur Gesellschaft, indem er die Verbindungsglieder zur Außenwelt, nämlich den Türverschluss und die Grottenfenster deutet.[86]

Die doppelte Türverriegelung, einmal aus Zedernholz und einmal aus Elfenbein, hat nach Tomasek zwei Funktionen, nämlich die des Schutzes einerseits und die des Einlasses anderer-

---

[78] Ebd. S. 153.
[79] V. 16932.
[80] V. 16937.
[81] V. 16939.
[82] V. 16964.
[83] V. 16970.
[84] V. 16984.
[85] Tomasek, 1985, S. 153.
[86] Vgl. Ebd. S. 164.

seits.[87] Das Zinn der verborgenen Klinke deutet Gottfried als *diu guote andaht*[88], welche das ständige Streben nach dem Geheimnis der Liebe versinnbildlicht. Das Schloss ist aus *golt*[89], einem Material, das die Erfüllung der angestrebten Liebe repräsentiert. Nicht jedem ist folglich der ideale Liebeszustand in der Minnegrotte möglich, sondern nur denjenigen, deren Tugenden den von ihr geforderten Anforderungen entsprechen. Wie Gottfried bereits in der Minnebußpredigt verlauten lassen hat, ist die absolute Grundvoraussetzung für die Erfahrung der Liebe und damit für den Zutritt zur Minnegrotte die *triuwe, diu von herzen gat*[90]. „Die Abschirmung der Grotte nach außen soll zeigen, daß Minne nicht durch *valsch* und *gewalt*[91] zu erlangen ist" erklärt Pfeiffer.[92] Auch die drei Grottenfester betreffen die Verbindung von *innen* und *uzzen* und werden von Gottfried als *güete, diemüete* und *zuht*[93] gedeutet, was laut Tomasek drei allgemeine Verhaltensweisen des menschlichen Umgangs sind.[94] Durch diese Öffnungen leuchtet die Sonne in die Grotte, welche für Gottfried die Ehre versinnbildlicht:

[...] ze disen drîn
dâ lachet în der süeze schîn,
diu saelige gleste,
êre, aller liehte beste
und erliuhtet die fossiure
wertlîcher âventiure.[95]

An dieser Stelle ist der Leser an eine Schlüsselstelle der Grottenallegorese gelangt, denn hier liegt die Vermutung nahe, dass mit Gottfrieds Deutung der Sonne als *êre* die gesellschaftliche Anerkennung gemeint ist, welche durch eine allgemeinmenschliche Integrität (*diemüete, zuht, güete*) der Liebenden im Umgang mit ihrer Umwelt erreicht wird.[96] Exakt diese gesellschaftliche Akzeptanz hat Gottfried den beiden jedoch bereits aberkannt, was für ihn das Leben in der Minnegrotte trotz aller vorbildlichen Einheit und Harmonie zwischen den Liebenden als mangelhaft und defizitär erscheinen lässt:

sine haeten umbe ein bezzer leben
niht eine bône gegeben

---

[87] Vgl. Ebd.
[88] V. 15040.
[89] V. 17042.
[90] V. 12336.
[91] V. 16995ff.
[92] Pfeiffer, 1970, S. 200.
[93] V. 17064ff.
[94] Vgl. Tomasek, 1985, S. 175.
[95] V. 17065ff.
[96] Vgl. Tomasek, 1985, S. 175.

*wan eine umbe ir êre.*⁹⁷

Gottfried versteht also unter dem Idealzustand der Minne sowohl die Autonomie und den individuellen Selbstanspruch der Liebenden als auch die Einsicht für die soziale Verantwortung des Menschen sowie die Erfüllung von gesellschaftlichen Erfordernissen. Tomasek sieht demnach in den Tugenden *diemüete, zuht* und *güete*, welche für ihn angesichts des mittelalterlich-feudalen Gesellschaftsrahmens in einer integeren Lebensführung offenbar werden, eine „Mittlerfunktion"⁹⁸, deren Aufgabe es ist, der Minne die fehlende Ehre zuzuführen. Im Hinblick auf diese Annahme kommt er zu folgendem Ergebnis:

> Gemessen an einem derartigen Ehrbegriff müssen auch Tristan und Isolde, obgleich sie in ihrer Minnebeziehung als vorbildlich gelten dürfen, unvollkommen erscheinen. Denn nie wird von ihnen der Versuch unternommen, [...] das Wohlwollen der Gesellschaft für sich und damit auch für ihre Liebe dauerhaft zu erwerben.⁹⁹

Da die Liebenden die zweite der beiden Komponenten der idealen Liebe, nämlich die Ehre, missachten, der Autor aber eine gesellschaftliche Anerkennung befürwortet und eine absolute Notwendigkeit im Ausgleich von Minne und Gesellschaft sieht, distanziert sich dieser von der Handlungsweise der Helden.¹⁰⁰ „Der grundlegende Konflikt von *minne* und *ere*[, der bereits im Prolog angedeutet worden ist,] bleibt bestehen"¹⁰¹.

Mikasch-Köthner warnt jedoch davor, die Betonung der Notwendigkeit gesellschaftlicher Anerkennung voreilig als Aufwertung der feudalen Hofgesellschaft zu betrachten¹⁰², was auf der Textebene durchaus gerechtfertigt ist.

So sieht Gottfried den Grund für die Nichterfüllung der Forderung nach Ehre und damit für die vom Autor verurteilte Gesellschaftsferne des Paares in König Marke und des damit verbundenen Hochadels. Dieser steht der gesellschaftlichen Akkreditierung von Tristan und Isolde im Weg, was deutlich wird, als Marke, der die Liebenden in der Grotte entdeckt hat, die Öffnung mit Gras, Blumen und Blättern bedeckt, um Isoldes Gesicht vor der in seinen Augen schädlichen Sonne zu schützen:

> *nu er der sunnen war genam,*
> *diu von obene durch den stein*
> *ûf ir antlütze schein,*
> *er vorhte, ez waere ir an ir lîch*

---

⁹⁷ V. 16875ff.
⁹⁸ Tomasek, 1985, S. 176.
⁹⁹ Ebd.
¹⁰⁰ Tomasek, 1985, S. 177.
¹⁰¹ Vgl. Ebd. S. 156.
¹⁰² Mikasch-Köthner, 1991, S. 111.

schade unde schedelîch.[103]

Die verdeckte Marke-Kritik wird im weiteren Versverlauf zu einem offenen Tadel und enthüllt Markes Fixiertheit auf die bloße körperliche Sinnlichkeit, was wiederum einer allgemeinen Beanstandung Gottfrieds, nämlich der Reduzierung der Frau auf rein erotische Gesichtspunkte, gleichkommt:

> *ze vröuden haete aber dô*
> *an sînem wîbe Isolde,*
> *swaz sô sîn herze wolde,*
> *niht z'êren, wan ze lîbe.*[104]

Auch in der Szene des trennenden Schwerts kommt noch einmal eine „scharfe Kritik an einer Gesellschaft zum Ausdruck, die an der Demonstration sinnentleerter feudaler Standestugenden festhält und sich mit der Wahrung des bloßen Scheins zufrieden gibt", bekräftigt Mikasch Köthner.[105]

> *diu verre gelegenheit*
> *diu was im liep unde leit.*
> *liep meine ich von dem wâne,*
> *si waeren valsches âne.*
> *leit meine ich, daz er sich versach.*[106]

Resümierend kann festgehalten werden, dass Gottfrieds Idealbild jenes des „in der Liebe Erfüllung findenden und mit der Gesellschaft vollauf versöhnten Menschen"[107] ist, was sowohl für den Mann als auch für die Frau gleichermaßen Gültigkeit besitzt und letzterer demnach mehr Autonomie und Selbstbestimmung zuspricht als dies die höfische Wirklichkeit zu dieser Zeit tatsächlich realisiert. Mikasch-Köthner reflektiert außerdem das Hauptproblem der Aufhebung der Diskrepanz von Schein und Sein und betont die zwei Dimensionen der idealen Minne:

> *Vollkommenheit in der Liebe ist nur dann zu erreichen, wenn der einzelne nicht nur in dem begrenzten Innenraum einer Partnerbeziehung, sondern auch nach außen hin ganz er selbst, anstatt der Welt eine Rolle vorzuspielen, die [...] den Zwiespalt nur verschärft und den Menschen sich selbst immer stärker entfremdet.*[108]

Im Rahmen der Minnegrottenallegorese versuche Gottfried eine „individuelle und gesellschaftliche Forderungen in sich vereinigende Minneethik" zu entwerfen und so eine „Perspek-

---

[103] V. 17609ff.
[104] V. 17723ff.
[105] Mikasch-Köthner, 1991, S. 111.
[106] V. 17511.
[107] Tomasek, 1985, S. 179.
[108] Mikasch-Köthner, 1991, S. 108.

tive des Ausgleichs aufzuzeigen"[109], so Mikasch-Köthner. Pfeiffer fügt dem hinzu, dass die „Verbindung von sinnlichem und sittlichem Minne-Ideal [...] die Allegorese somit zum Höhepunkt der theoretischen Minnedarstellungen [macht]" und die Minnegrottenallegorie als Weiterentwicklung und Steigerung des Minne-Ideals der *rede [von minnen]* aufgefaßt werden kann.[110]

In Bezug auf das Gottfried'sche Frauenbild lässt sich im Übrigen feststellen, dass die Frau im Rahmen der hier entworfenen Liebeskonzeption dem Mann hinsichtlich der anfallenden Gesichtspunkte ausnahmslos ebenbürtig ist.

3.4. Der huote-Exkurs: Gottfrieds Entwicklung der idealen Weiblichkeit

Die Frage nach der Vereinbarkeit von *minne* und *êre* wird auch im dritten der drei großen Minneabhandlungen, im so genannten *huote*-Exkurs, erörtert, indem die Problematik anhand drei verschiedener Frauentypen diskutiert wird und schließlich „in Gottfrieds neuem Weiblichkeitsideal seine Lösung findet"[111].

Das Verhalten der Frau wird nach verschiedenen Möglichkeiten hin untersucht, wobei Gottfried nach Lösungswegen sucht, wie die Frau

> *sich zu verhalten habe, um eine über die Partnerbeziehung hinausgehende Vollkommenheit zu erreichen, die ihr dauerhaft die Anerkennung der Gesellschaft einträgt und damit ihre Liebe erst eigentlich zur Erfüllung des menschlichen Daseins werden lässt*[112].

Pfeiffer bemerkt überdies die Diskrepanz zwischen „ethisch gefärbtem, bewußtem Minne-Ideal des Exkurses und irrationaler, allmächtiger Minne der Handlung"[113]. Der *huote*-Exkurs befindet sich nämlich unmittelbar nach der letzten, heimlichen Liebesbegegnung zwischen Tristan und Isolde, in der die beiden wegen der Unvorsichtigkeit Isoldes und ihrer fehlenden *maze*[114], eine Basistugend, die im *huote*-Exkurs propagiert wird, entdeckt werden. Der Autor distanziert sich also zunehmend von der Handlungsweise seiner Protagonisten, „die Abwei-

---

[109] Ebd. S. 105.
[110] Vgl. Pfeiffer, 1970, S. 201/204.
[111] Mälzer, 1991, S. 217.
[112] Mikasch-Köthner, 1991, S. 112.
[113] Pfeiffer, 1970, S. 206.
[114] V. 18009.

chung zu dem auf der Exkursebene entworfenen Ideal wird [...] anhand des Verhaltens der Frau konkret faßbar"[115].

3.4.1. Die *huote* als Ursache des Selbst- und Ehrverlusts der Frau

Zunächst beanstandet Gottfried die höfische Institution der *huote*, die Überwachung der Frau, welche in seinen Augen als *vertâne antwerc* und *vîndin der minne* betrachtet werden kann, die *manic wîp entêret, diu vil gerne êre haete, ob man ir rehte taete*[116]. So plädiert er für ein Selbstbestimmungsrecht der Frau, spricht sie von jeglicher Fremdbestimmtheit frei und legt damit seine Vorstellung einer in seinen Augen idealen Paarbeziehung offen: „Vertrauen als Basis maßvollen, dem Ehepartner gegenüber fairen Verhaltens [...] und somit eine Haltung des Mannes, [...] die von Verständnis, Toleranz der Frau gegenüber und Akzeptanz ihrer Persönlichkeit bestimmt ist"[117].

Der Grund liegt für Gottfried auf der Hand: *man tuot der manegez durch verbot, daz man ez gâr verbaere, ob ez unverboten waere.*[118] Seiner Meinung nach wird die Frau nur durch den Charakter des Verbotenen dazu verleitet, das Schlechte zu tun, was mit Evas Fehltritt im Paradies, welcher Gottfried als „Beispiel für die Verderblichkeit jeden Verbots"[119] dient, und der daraus resultierenden Weitergabe der christlichen Erbsünde begründet wird: *die vrouwen, die der arte sint, die sint ir muoter Êven kint.*[120]

Die Folgen für Evas Verhalten, unter deren Dominanz auch die mittelalterliche Frau steht, sieht Gottfried in ihrem Selbst- und Gottesverlust sowie in der Vernichtung der *êre*[121], was laut Hahn drei spezifische Kennzeichen der *dignitas hominis* sind[122]. „Mit diesem Rekurs auf die Rolle der Frau in der Genesis greift Gottfried zunächst auf das die Stellung der Frau in der mittelalterlichen Gesellschaft bestimmende christlich-androzentrische Weiblichkeitsklischee zurück, um von hier aus Möglichkeiten seiner Überwindung aufzuzeigen"[123].

---

[115] Mikasch-Köthner, 1991. S. 117.
[116] V. 17864ff.
[117] Mälzer, 1991, S. 218.
[118] V. 17928.
[119] Pfeiffer, 1970, S. 207.
[120] V. 17933.
[121] V. 17960.
[122] Vgl. Hahn, 1964, S. 188f.
[123] Mälzer, 1991, S. 219.

3.4.2. Erster Entwurf der Frau: *Êve* und die eliminierte Sinnlichkeit

Die erste Möglichkeit einer „immanenten Überwindung der Folgen des Sündenfalles"[124] sieht Gottfried in einer Frau, *diu sich es danne enthaben* kann[125], die also auf ihre leiblichen Triebe zugunsten der Tugend verzichtet und somit ihre angeborene Wesensart verneint.

Dieses Weiblichkeitsbild verdiene zwar *lobes und êren*[126], dennoch spricht Gottfried seine Bedenken offen aus, sein Lob entpuppt sich als Scheinlob: *diu ist niwan mit namen ein wîp und ist ein man mit muote.*[127] Eine Frau, die derart handelt und ohne jede Sinnesfreude lebt, verliert in den Augen des Dichters jegliche Weiblichkeit und unterscheidet sich kaum noch vom Mann.

> Durch eine Frau, die sich auf diese Weise ganz außerhalb der Sinnensphäre stellen will, [kann] kaum ein Beitrag zu einer echten Überwindung Evas, geschweige des durch Eva initiierten Selbstverlustes der Frau geleistet werden"[128].

Gottfried sieht die Schwierigkeit des Frauseins darin, trotz der Zwänge und der Verbote, ihr individuelles Wesen der Weiblichkeit zu bewahren und nicht durch Ausschaltung jeglicher körperlicher Begierde aufzugeben.

3.4.3. Zweiter Entwurf der Frau: Das *reine wîp* im Kampf zwischen *lîp* und *êre*

Hieraus resultiert Gottfrieds um einen Aspekt weiterentwickelter Entwurf von Weiblichkeit: Dies ist eine Frau, die einen unaufhörlichen Kampf zwischen *lîp und êre* und somit gegen ihre Sinnlichkeit führt, um sich selbst und der Gesellschaft Tribut zu zahlen. Diese Frau nennt Gottfried das *reine wîp*[129], eine Auszeichnung, die ihr der Dichter schon allein aufgrund ihrer Bereitschaft zur Auseinandersetzung mit der eigenen Unzulänglichkeit zukommen lässt.[130]

> *waz mac ouch iemer werden*
> *so reines an dem wibe*
> *so daz si wider ir libe*
> *mit ir eren vehte.*[131]

---

[124] Tomasek, 1985, S. 190.
[125] V. 17969.
[126] V. 17970.
[127] V. 17975.
[128] Tomasek, 1985, S. 191.
[129] V. 17987.
[130] Vgl. Tomasek, 1985, S. 192.
[131] V. 17986ff.

Nicht die Konzentration auf einen der beiden Teilaspekte birgt laut Gottfried das Seelenheil der Frau und deren Anerkennung durch die Gesellschaft in sich, sondern das Gerechtwerden beider Faktoren, d.h. die Vermittlung zwischen *lîp und êre* mithilfe der richtigen *maze*[132]. Dies kommt jedoch *micheler arbeit*[133] gleich:

> *si sol den kampf so keren,*
> *daz si den beiden rehte tuo*
> *und sehe ietwederm also zuo,*
> *daz daz ander da bî*
> *von ir iht versumet sî.*[134]

Die ideale Lösung scheint für den Dichter jedoch auch in diesem Frauenbild, welches eine maßvolle Triebkontrolle und den weltlichen Aspekt der *êre* vereinbart, dennoch aber auch eine gewisse Leidkomponente beinhaltet, noch nicht gegeben zu sein, wenngleich er die „Vermittlung der Ansprüche von Individuum und Gesellschaft"[135] als grundsätzlich erreichbar einstuft:

> *ein wîp, diu wider ir lîbe tuot,*
> *diu sô gesetzet ir muot,*
> *daz sî ir selber ist gehaz,*
> *wer sol die minnen über daz?*[136]

Was laut Gottfried dem *reinen wîp*[137] fehlt, ist die innere Übereinstimmung mit sich selbst, welche mit Selbstakzeptanz und -versöhnung korreliert ist. Diese Charaktereigenschaften sieht der Dichter in dem Entwurf eines neuen Weiblichkeitsideals, in der Konzeption des *saeligen wîp*[138], begründet.

3.4.4. Dritter Entwurf der Frau: Das *saelige wîp* und die Versöhnung von *innen* und *uzzen*

Das *saelige wîp* ist laut Gottfried eine Frau, *diu ir wîpheit wider ir selber liebe treit der werlde zuo gevalle*[139], welche also mit der Annahme der eigenen Persönlichkeit und ihrer individuellen, weiblichen Wesenszüge eine Brücke zur Gesellschaft schlägt und somit dem mittelalterlichen Ehrbegriff gerecht wird. Das *saelige wîp* hat eine neue *maze* gefunden,

---
[132] V. 18009.
[133] V. Vers 18008.
[134] V. 17992ff.
[135] Tomasek, 1985, S. 193.
[136] V. 18025ff.
[137] V. 17987.
[138] V. 18063.
[139] V. 18051.

welche in der Liebe zu sich selbst und im Bewusstsein und der Rückbesinnung auf die weibliche Persönlichkeit liegt.

„Gottfried erhebt seinen Selbstliebe-Begriff[140] zu einem programmatischen Wert, der allein auf eine diesseits bezogene Lebensführung ausgerichtet ist"[141], erklärt Mälzer. So kann sich die Frau selbstständig aus der „scheinbar unauflöslichen Verstrickung in Sünde, Ehr- und Selbstverlust"[142] befreien, was natürlich den Verzicht auf jegliche Einwirkung von außen, also auch auf die feudale Institution der *huote* mit einschließt. Mit ihrer innovativen, individuumsbezogenen Konzeption ist das *saelige wîp* bezüglich „ihrer individuellen Art zu lieben"[143] ein Vorbild für die gesamte Gesellschaft:

> *diu gerne da nach sinne,*
> *daz al diu werlde minne*
> *diu minne sich selben vor*
> *zeige al der werlde ir minnen spor.*[144]

Durch ihr wieder gewonnenes und versöhntes Selbst, welches auf dem Aspekt der Individualität beruht, schafft die Frau die rechte Korrelation zwischen Innen- und Außenbereich der Welt, die „ursprüngliche paradiesische Integrität der gesamten Person"[145] ist wiederhergestellt, die „Überwindung des durch den Sündenfall bedingten Persönlichkeitszerfalls"[146] ist erreicht.

Damit erreicht diese dritte Frauenkonzeption, im Vergleich zu den vorherigen Entwürfen, das höchste Maß an Autonomie und Souveränität. Trotzdem erfährt das *saelige wîp* erst in der Liebe zum Mann ihre völlige Erfüllung, sie stellt den „gebenden Part in der vorbehaltlosen Hingabe"[147] an den Mann dar und ist mit ihrer liebenden Funktion die Voraussetzung für dessen irdische Erfahrung von Glück:

> *wie rûmet s'alle sîne wege*
> *vor distel und vor dorne,*
> *vor allem senedem zorne!*
> *wie vrîet sî'n vor herzenôt,*
> *sô wol sô nie dekein Isôt*
> *dekeinen ir Tristanden baz.*[148]

---

[140] Vgl. Tomasek, 1985, S. 229ff.
[141] Mälzer, 1991, S. 221.
[142] Ebd.
[143] Ebd. S. 222.
[144] V. 18045ff.
[145] Tomasek, 1985, S. 194.
[146] Ebd.
[147] Mälzer, 1991, S. 223.
[148] V. 18104ff.

Die letzten beiden Verse heben deutlich Gottfrieds Urteil darüber hervor, dass die Isolde der Handlungsebene keineswegs seinem idealen Weiblichkeitsentwurf entspricht. Die Textstelle besagt jedoch auch, dass der Dichter eine neue Partnerschaftlichkeit entwirft, die von Vertrauen, Selbstliebe, Verständnis und gegenseitiger Bejahung getragen wird, und er die Utopie des *saeligen wibes* als „eine im Diesseits einzulösende anthropologische und gesellschaftliche Realmöglichkeit"[149] sieht.

Laut Mälzer exemplifiziert Gottfried im *huote*-Exkurs anhand einer Frau sein neues individuumsbezogenes Menschenbild, welches von den Gedankenströmungen des Humanismus des 12. Jahrhunderts beeinflusst wird.[150] Dies enthüllt nicht zum ersten Mal die Unzufriedenheit des Dichters an der Unmündigkeit der mittelalterlichen Frau und deren begrenzten Entfaltungsmöglichkeiten, denn „der postulierte Ausgleich zwischen dem Selbst der Frau und bestehenden Konventionen war in der Realität kaum umsetzbar."[151]

Gottfried fordert jedoch eine Gesellschaft, in welcher die Innerlichkeit des Menschen eine höhere Stellung einnimmt als die Standestugenden. Seine Gefühle und das Ausleben der wahren Liebe sollen ausschlaggebend für seine weltliche Anerkennung sein. Er räumt außerdem der individuellen Selbstfindung der mündigen Frau, mit dem Ziel ihrer Übereinstimmung mit sich selbst, äußerste Priorität ein.

Der ideale Weiblichkeitsentwurf des *huote*-Exkurses lässt also eine neue Auffassung von der Frau im speziellen und vom Menschen allgemein anklingen und zeugt von einem sich hier vollziehenden Paradigmenwechsel.

Als abschließende Bemerkung in der Reflexion über die drei großen Minneexkurse sollte darauf hingewiesen werden, dass Gottfrieds in diesen Textstellen entworfenes Idealbild keineswegs dem Geschehen und den Figurencharakteren auf der Handlungsebene entspricht. Während die Minne in den Exkursen von den Voraussetzungen abhängig erscheint, „die der Einzelne mit seinem (guten oder schlechten) Verhalten schafft"[152], tritt sie im Roman als „irrationale und unbeherrschbare Gewalt [auf], der die Liebenden ausgeliefert sind"[153].

---

[149] Tomasek, 1985, S. 197.
[150] Vgl. Mälzer, 1991, S. 224.
[151] Ebd. S. 225.
[152] Pfeiffer, 1970, S. 212.
[153] Ebd.

Dies mag zum einen die Aufgabe erfüllen, reflektorisch eine gewisse Distanz des Dichters zum epischen Geschehen zum Ausdruck zu bringen, es entspricht vor allem aber auch der ebenso in den textuellen Gegebenheiten existierenden Differenz zwischen Idealvorstellung und Realität. Denn genau wie die in den Exkursen dargestellte Liebe keinen Anklang in der damaligen Realität findet, so ist auch die Rolle der Frau und ihre feudalhöfische Stellung in der Wirklichkeit nicht diejenige, die sich Gottfried in den Exkursen wünscht. Dies ist nicht deswegen der Fall, weil die Frau nicht durch eigenes Zutun ihre rechtlose Position ändern möchte, sondern weil sie von den Bedingungen der damals wirkenden, gesellschaftlichen Kräfte abhängig ist.

Wenn Gottfried also in den Exkursen sein Wunschbild einer sich selbst behauptenden und sich in einer rechtlich abgesicherten Position befindenden Frau skizziert, gesteht er sich durch die Distanzierung dieses Entwurfs zum inhaltlichen Geschehen die Unzulänglichkeit und Utopie dieses, zu dieser Zeit noch nicht durchführbaren, Idealbildes ein. Das freie Minneparadies des *huote*-Exkurses, welches „anders als die a-soziale Minne der Handlung privates und gesellschaftliches Glück umschließt"[154] ist noch nicht möglich, genau wie die im Inneren der Frau verwurzelte Harmonie zwischen feudalhistorischem Machtgefüge und den seelischen Bedürfnissen nach rechtlicher Anerkennung und freier Entfaltung (noch) nicht umgesetzt werden kann.

---

[154] Pfeiffer, 1970, S. 213.

4. Blanscheflur

Die Geschichte um Riwalin und Blanscheflur ist der eigentlichen Tristan-Handlung vorgeschaltet und nimmt einen großen Teil des Gesamtepos ein. Überdies fungieren die mit vielerlei Problemen behaftete Liebesbeziehung seiner Eltern und die unglückseligen Umstände bei Tristans Geburt als Vorausdeutung auf das Schicksal des Protagonisten.

4.1. Blanscheflurs Charakterisierung auf der Ebene des Textes

Gottfried führt Blanscheflur, Tristans leibliche Mutter, ab Vers 632 als Pendant zu deren Bruder Marke, welcher als *der guote, der höfsche hôhgemuote*[155] beschrieben wird, ein. Für Deist ist Marke „die Verkörperung dessen, was sich in der festlichen Natur [des davor beschriebenen glanzvollen Hoffestes] bereits ausgedrückt hatte"[156]. Schausten weist dem Hoffest ebenfalls die Funktion der Vorführung eines „Szenario[s] höfischer Vollkommenheit"[157] zu.

Durch diese Parallelkonstruktion macht der Verfasser indirekt auf Blanscheflurs Übereinstimmung mit dem höfischen Idealbild aufmerksam. Als *sunderlîchez wunder und als maget, daz dâ noch anderswâ schoener wîp nie wart gesehen*[158] wird Markes Schwester bezeichnet und auf diese Weise von der Masse der übrigen Hofdamen hervorgehoben. „Die Schwester Markes wird als das schönste Juwel unter der Menge glänzender Damen geschildert, die von den anwesenden Herren auch wie Schmuckstücke betrachtet werden"[159].

Trotz ihrer positiven Andersartigkeit, die aus Gottfrieds Formulierung eines Unterschiedes zu den übrigen Hofdamen ersichtlich wird, stellt sie für den Autor dennoch eine Repräsentantin der gesamten Frauenwelt dar, eine Frau, welche die Fähigkeit besitzt, ihre hervorragenden Eigenschaften auf ihr ganzes Geschlecht zu übertragen und somit als Auszeichnung für dieses fungiert:

> *wir hoeren von ir schoene jehen,*
> *sine gesaehe nie kein lebende man*

---

[155] V. 627f.
[156] Deist, 1982, S. 68.
[157] Schausten, 1999, S. 150.
[158] V. 633.
[159] Maier-Eroms, 2007, S. 207.

> *mit ineclîchen ougen an,*
> *ern minnete dâ nâch iemer mê*
> *wîp und tugende baz dan ê.* [160]

Deist deutet diese Verse folgendermaßen: „So wie die Natur die Gesinnung des Menschen veredelt, erfährt jeder Mann eine Steigerung seines Lebensgefühls, wenn er die bestrickende Schönheit Blanscheflurs auch nur erblickt"[161]. Auffällig ist, dass die Betonung ausdrücklich auf Blanscheflurs äußerer Erscheinung und dem Effekt, den diese auf andere hat, liegt:[162]

> *diu saelige ougenweide*
> *diu machete ûf der heide*
> *vil manegen man vrech unde vruot,*
> *manec edele herze hôhgemuot.*[163]

Die Wirkung Blanscheflurs wird laut Schausten hier emphatisch angepriesen.[164] Sie bewirkt folglich eine vitalisierende und freudvolle Reaktion, die von ihrem visuellen „sinnlich-betörende[m]"[165] Erscheinungsbild, welches gleich mehrmals als *ougenweide*[166] charakterisiert wird, ausgelöst wird. Dadurch rückt Blanscheflur in den Mittelpunkt des höfischen Geschehens. „Gottfried schildert sie als Frau, die von der Anziehungskraft zum anderen Geschlecht weiß und dieses Wissen im Ringen mit der wahren Liebe als Werkzeug einsetzt"[167], so Deist.

Nach Kraschewski-Stolz weist der Topos *ougenweide* auf die Stellung Blanscheflurs innerhalb der Gesellschaft hin und hebt gleichzeitig ihre Schönheit und den visuellen Genuss hervor, den diese Anmut vermittelt: „Der Glanz der ‚lachenden' Natur und die *vröude* der höfischen Gesellschaft – das ist der höfisch-ästhetische Hintergrund, aus dem die Person Blanscheflurs als dessen vollendetste Repräsentatin sich heraushebt.[168]

Der *ougenweide* – Topos tritt auch bei Blanscheflurs Tod wieder auf:

> *owe der ougenweide,*
> *da man nach leidem leide*
> *mit leiderem leide*
> *siht leider ougenweide!*[169]

---

[160] V. 636ff.
[161] Deist, 1982, S. 68.
[162] Vgl. Franz, 1927, S. 73.
[163] V. 641f.
[164] Vgl. Schausten, 1999, S. 150.
[165] Deist, 1982, S. 96.
[166] V. 641.
[167] Deist, 1982, S. 96.
[168] Kraschewski-Stolz, 1983, S. 236.
[169] V. 1751.

Hier fällt die erhebliche Divergenz zwischen *ougenweide* und *leide* auf, was den Leser dazu veranlasst, seine positive Erwartungshaltung bezüglich der Benennung der Blanscheflur als *ougenweide* zu überdenken. „Indem der Topos selbst durch diese innovierende Bildfüllung in seiner rein ästhetischen Aussage in Frage gestellt wird, gilt dies auch für den Bereich, den er vertritt: die höfische Gesellschaft", so Kraschewski-Stolz.[170] Gottfried spielt damit auf die Unvereinbarkeit Blanscheflurs persönlicher Interessen mit den Normen der Hofgesellschaft an.

Doch nicht nur Blanscheflur hebt sich von der Masse der vornehmen Hofgesellschaft ab. Auch Riwalin besticht mit seiner positiven Andersartigkeit und seinen superlativischen Eigenschaften: *sô was der höfsche Riwalîn und muose ez ouch binamen sîn, der ez des tages und an der stete ze wunsche vor in allen tete.*[171] Die Außerordentlichkeit der beiden Figuren scheint eine emotionale Annäherung des späteren Paares nahezu unumgänglich zu machen. Ferner gilt auch Tristan als Repräsentant der Superlative.

Deutlich wird Gottfrieds Sympathie bezüglich Blanscheflur auch nach dem Bekanntwerden der Verletzung ihres geliebten Riwalin, indem er die Trauernde mit „Attributen moralischer Vollkommenheit"[172] bedenkt: *[...] Blanscheflur, die reine, die höfsche, die guote [...] mit durnehtem muote.* Wie Nauen weiter bemerkt, stehen diese Prädikate sonst nur der Gottesmutter zu.[173]

Was in diesen Trauer- und Verzweiflungsszenen ebenfalls an die Oberfläche tritt, ist die Schwäche und Hilfsbedürftigkeit, welche Blanscheflur anhaftet. Als sie den todkranken Riwalin am Krankenbett besucht, äußert sich ihre Angst und Sorge um den Geliebten in körperlichen Gebrechen. Es erfolgt eine Somatisierung der psychischen Qualen:

> *ir clâren ougen wart der tac*
> *trüebe unde vinster als diu naht.*
> *sus lac si in der unmaht*
> *und âne sinne lange,*
> *ir wange an sînem wange,*
> *gelîche als ob si waere tôt.*[174]

Dies ist nicht das einzige Mal, dass Blanscheflur beinahe oder sogar vollständig das Bewusstsein verliert, was von einer schwachen körperlichen Verfassung zeugt. Natürlich muss

---

[170] Vgl. Kraschweski-Stolz, 1983, S. 236.
[171] V. 695ff.
[172] Hollandt, 1966, S. 21.
[173] Vgl. Nauen, 1947. S. 59.
[174] V. 1302.

einschränkend gesagt werden, dass diese körperliche Schwäche in erster Linie Blanscheflurs Ohnmacht vor dem überwältigenden Gefühl der grenzenlosen Liebe zu Riwalin verdeutlichen soll. Trotzdem bringt diese Akzentsetzung in Verbindung mit der „Betonung ihrer Jugend und Unschuld auf diese Weise [...] bedauerlicherweise mehr als einen Anflug [von] Naivität in das Porträt der Königsschwester"[175], so Maier-Eroms.

4.2. Blanscheflurs Funktion im epischen Gefüge

Die Geschehnisse um Riwalin und Blanscheflur sind der eigentlichen Tristanhandlung vorgeschaltet und können als dessen Herkunfts- und Jugendgeschichte eingeordnet werden. Sosna gliedert diese Vorgeschichte in drei Abschnitte, nämlich die Vorstellung zentraler Themen und Motive anhand der Elterngeschichte sowie die Problematik um Tristans Status, anschließend die Schwerpunktsetzung auf Tristan selbst und schließlich sein Weg zum Hof Markes.[176]

4.2.1. Die Elterngeschichte als Vorstellung zentraler Themen und Motive

Der Inhalt lässt sich knapp zusammenfassen: Riwalin und Blanscheflur lernen sich auf dem Hoffest von Blanscheflurs Bruder, König Marke, kennen und beginnen eine heimliche Liebesbeziehung. Nach Riwalins Verwundung im Kampf besucht Blanscheflur den Geliebten heimlich am Krankenbett und empfängt dort ein Kind von ihm. Beide flüchten nach Parmenien, um der Schande am Hof König Markes zu entgehen. Bevor Riwalin dort in den Kampf gegen Morgan zieht, heiratet er Blanscheflur rechtmäßig. Als Blanscheflur erfährt, dass Riwalin im Kampf umgekommen ist, bringt sie nach tagelangen Qualen Tristan zur Welt und stirbt bei dessen Geburt.

Die zentralen Themen, welche laut Sosna mithilfe dieser vorgeschalteten Eltern- und Jugendgeschichte eingeführt werden, sind zum einen das Motiv der heimlichen Liebesbeziehung und Tristans ritterliche Abkunft und zum anderen die Problematik, die sich aus beidem für Tristans späteren Status ergibt.[177] Vor der sozialen Anerkennung und Legitimation der Ehe sterben nämlich beide Elternteile und die eheliche Situation wird nicht geklärt. Tristan wird

---

[175] Maier-Eroms, 2007, S. 207.
[176] Sosna, 2003, S. 220.
[177] Vgl. Ebd.

als illegitimes Kind geboren. Durch seinen zusätzlichen Waisenstatus nimmt er schnell eine gesellschaftliche Außenseiterposition ein. Schausten bringt die Problematik auf den Punkt: „Tristan ist das Produkt der Folge der Liebe-Leid-Existenz seiner Eltern".[178]

Während Floraete in Bezug auf Tristan die Rolle der Sozialisierung und Erziehung übernimmt, fungiert Blanscheflur als seine biologische Mutter, die ihm durch die heimliche Liebesnacht mit Riwalin, sein Leben schenkt.

Neben dieser groben inhaltlichen Zusammenfassung der Vorgeschichte sollen die verschiedenen Stationen von Blanscheflurs Handeln und deren Auswirkungen auf den epischen Verlauf noch genauer betrachtet werden.

4.2.2. Das Rätsel um Blanscheflurs Gefühle

Anfänglich verbirgt Blanscheflur ihre Gefühle für Riwalin, den tapferen und vorzüglichen Ritter, der auf dem Hoffest das weibliche Geschlecht mit seiner Kampfeskunst beeindruckt. Riwalin hat Blanscheflur – unabhängig von den lobenden Worten der übrigen Hofdamen – dennoch schnell eingenommen und ihr Herz erobert, doch Blanscheflur verhält sich kühl: [...] *daz sî doch alsô schône und alsô tougenlîchen hal, daz sî'z in allen vor verstal*[179]. Noch behält Blanscheflur die Kontrolle über ihre Gefühle, die ihr letztendlich durch ihre Tiefe und Stärke den Tod bringen werden, was auch im späteren Verlauf bei Isolde der Fall sein wird.

Durch Zufall wendet sich Riwalin schließlich Blanscheflur zu, um sein Grußwort an sie zu richten. Sie entgegnet diesen Gruß zunächst höflich mit einem Segensspruch, stellt Riwalin daraufhin jedoch zur Rede: *An einem vriunde mîn, dem besten den ich ie gewan, dâ habet ir mich beswaeret an.*[180] Ab diesem Zeitpunkt nimmt Blanscheflur ihr Liebesglück selbst in die Hand, denn an diesem Rätsel, das sie Riwalin stellt, werden ihr Wille zu selbstgesteuertem Handeln und ihr diplomatisches Kalkül offensichtlich.

Maier-Eroms vervollständigt die Funktion dieser verdeckten Form der Signalisierung der Gefühle: „Derartige Verschleierungstechniken sind nicht nur harmloses erotisch angehauchtes Geplänkel, sondern fungieren auch als notwendiger Schutz für weibliche Personen, deren

---

[178] Schausten, 1999, S. 154.
[179] V.730ff.
[180] V. 754f.

Ehre viel stärker von ihrer Makellosigkeit abhängt als die des Mannes."[181] Blanscheflurs Rätsel ist demnach nicht nur ein Mittel um Riwalin aus der Reserve zu locken, sondern dient auch zum Schutz ihres gesellschaftlichen Ansehens, auf das sie stets bedacht ist. Denn nicht einem Freund hat Riwalin Leid zugefügt, sondern ihrem eigenen Herzen, so die Bedeutung für den zunächst „dunklen Sinn [Blanscheflurs] Worte"[182].

Dieser Wortinhalt bleibt für Riwalin zunächst uneinsichtlich, was seine Sehnsuchtsqualen im weiteren Verlauf der Handlung noch verstärken wird. Hier begegnet dem Leser das erste Beispiel einer aufrichtigen und emotionalen Liebe, das ihm später auch bei Tristan und Isolde noch begegnen wird. Nicht vergessen werden darf, dass auch Isolde zu einem Wortspiel greift, um Tristan ihre Liebe zu gestehen.

4.2.3. Die Verwirrung der Verliebten und ihre Annäherung

Weiterhin hält Blanscheflur ihr Gefühle bedeckt: *durch diese geschiht enhazze ich iuch ze sêre niht; ine minne iuch ouch niht umbe daz.*[183] Trotzdem hegen die beiden an dieser Stelle erstmals zärtliche Gedanken füreinander: *dô alêrste huob ez sich mit gedanken under in.*[184] Obwohl zunächst noch keiner weiß, was der andere fühlt, bauen die beiden eine tiefe emotionale Verbindung auf: [...] *der künec, die süeze künigin, die teilten wol gelîche ich herzen künicrîche: daz ir wart Riwalîne, dâ wider wart ir daz sîne.*[185]

Obwohl auch Blanscheflur tiefe *smerzen* über die Ungewissheit seiner Gefühle verspürt, richtet Gottfried sein Augenmerk hier vor allem auf die Drangsal Riwalins. Im Leimrutengleichnis[186] vergleicht er die Liebe mit einem klebrigen Ast, die den Vogel, der davonfliegen möchte, fesselt, zurückhält und ihn bei jedem Fluchtversuch noch mehr an sich bindet. Dieses Gleichnis wirft ein negatives Bild auf das Geschlecht der Frauen, deren Wirkung auf Männer hier mit Gefahr, Gefangenschaft und Unbezwingbarkeit korreliert ist. Außerdem fungiert es als Vorausdeutung auf Tristan und Isolde.

Riwalin erscheint als Blanscheflurs Spielball und aufgrund seiner völligen Unwissenheit über ihre Gefühle Blanscheflurs Willen unterworfen. Seine Gedanken befinden sich *in einer*

---

[181] Maier-Eroms, 2007, S. 207.
[182] Hollandt, 1966, S. 17.
[183] V. 770f.
[184] V. 790f.
[185] V. 814ff.
[186] V. 841 – 880.

ungewissen habe: trôst truog in an und zwîvel abe.[187] Dem komplementären Wortpaar *trôst* und *zwîvel* werden hier die Gefühlsqualitäten *minne* und *haz*[188] zugeordnet, welche sich in der Person des Protagonisten im *kriec*[189] befinden.[190] Als Riwalin die *rehte minne* bewusst wird, verändert sich sein Leben von Grund auf: *sîn leben begunde swachen: von rehtem herzen lachen, des er dâ vor was wol gewon, dâ zôch er sich mit alle von.*[191]

Blancheflurs Entwicklung verläuft parallel zu der ihres Geliebten, was davon zeugt, dass auch sie nicht die Überhand über *diu gewaltaerinne Minne*[192] behalten kann: *ez hât mich gâr verkêret an muote und an dem lîbe*[193]. Ihre naive und kindliche Seite offenbarend wägt Blancheflur sogar ab, ob es sich bei Riwalin um einen Zauberer handelt, der mit seinen magischen Kräften der Frauenwelt Schaden zufügt. In diesem Fall würde sie seinen Tod begrüßen, bevor noch mehr Frauen durch ihn Unglück erleiden. Schließlich sieht sie ein, dass sie selbst verantwortlich für ihre Lage ist: *daz wizze got, deist allermeist mîn selbes herzen volleist*[194].

Nachdem sie Riwalin von seiner Schuld freigesprochen hat, analysiert Blancheflur die Ursachen ihrer emotionalen Ergriffenheit, nämlich das rühmende Lob der Fähigkeiten Riwalins durch die übrigen Hofdamen sowie seine äußerlichen Vorzüge.

Gleichzeitig bedenkt sie die negativen Folgen ihrer Verliebtheit: *Er wil und will joch al ze vil, des er niht wellen solte, ob er bedenken wollte, waz vuoge waere und êre*[195]. Wieder liegt Blancheflurs größte Angst in der Unfähigkeit der Aufrechterhaltung von höfischem Anstand, Ehrbarkeit und dem *magetlîchen namen*[196]. Trotzdem wird ihr klar, dass der Schmerz, den sie ertragen hat, nur als Liebe ausgelegt werden kann[197]: *so dunket mich, diu herzeclage, die ich durch in ze herzen trage, diun si niwan von minnen.*

---

[187] V. 892.
[188] V. 883.
[189] V. 884.
[190] Vgl. Schausten, 1966, S. 152.
[191] V. 950ff.
[192] V. 960.
[193] V. 994.
[194] V. 1021.
[195] V. 1047.
[196] V. 1060.
[197] Vgl. Deist 1982, S. 73.

„Was sich für Blanscheflur ereignet hat, ist die Entwicklung von der ersten Bezauberung bis zur Erkenntnis der Liebe"[198], so Deist. Beide öffnen sich nun gegenseitig für ihre Gefühle. „Blanscheflur entscheidet sich bewusst-wählend für Riwalin. Der Nachdruck liegt zweifellos auf dem Moment des Wählenkönnens, sogar des Wählerischseinkönnens,"[199] so die Autorin über Blanscheflurs Annäherung an Riwalin, welche sie aus eigenem Antrieb unternimmt.

4.2.4. Blanscheflurs Griff zur List

Da Riwalin nach dem Hoffest die Nachricht erhält, Marke im Kampf gegen einen Widersacher beistehen zu müssen, können die Verliebten ihr Glück nur für kurze Zeit genießen. Die Kämpfe enden für Riwalin tragisch: Halbtot und unter lautem Klagen wird er nach Tintajol zurückgebracht. Das ganze Land reagiert mit Trauer und Fassungslosigkeit, doch Blanscheflurs Verzweiflung übertrifft die Gefühle der übrigen Hofdamen: Aus Schmerz und Trauer martert sich Blanscheflur selbst, was Gottfried nicht negativ bewertet:

> *die sluc si tûsent stunde dar*
> *und niuwan dar, da'z ir dâ war;*
> *da engegen, dâ daz herze lac,*
> *dar tete diu schoene manegen sclac.*[200]

Blanscheflur verspürt eine tiefe Sehnsucht nach dem Tod. Nur durch ihr irdisches Ende kann der unerträgliche Schmerz, den sie durch die Liebe zu Riwalin erfahren muss, beendet werden.

Doch Blanscheflur will nicht sterben, ohne ihren Liebsten noch ein letztes Mal gesehen zu haben. Dieser Gedanke lässt neue Hoffnung in ihr aufkeimen, sodass sie einen Plan schmiedet und ihre alte Erzieherin, die ihren Vorteil in Blanscheflurs Gunst sieht und sich sogleich mit jener verbündet, um Hilfe bittet. In Gestalt einer Ärztin wird Blanscheflur daraufhin in Riwalins Krankenzimmer gelassen. An dieser Szene wird deutlich, dass Blanscheflur, genau wie Isolde, ihr Schicksal nicht akzeptiert, sondern es selbst in die Hand nimmt, um Riwalin, von dem ihr ganzes Leben abhängt, noch einmal nahe sein zu können. Dies führt in letzter Instanz dazu, dass Tristan geboren wird.

---

[198] Vgl. Ebd.
[199] Ebd. S. 76.
[200] V. 1175ff.

Deist weist darauf hin, dass dem überwältigenden Gefühl der Liebe nicht einmal die Schranken der Gesellschaft standhalten können.

> *Für Blanscheflur gelten die Bindungen der Gesellschaft und sie weiß von deren Wichtigkeit. [...] Diese Regeln verlieren aber ihre Stelle im höfischen Wertsystem vor dem Gesetz der Liebe, das nun zur obersten Autorität aufrückt, selbst wenn diese neue Wertkategorie mit höfischer Norm und Sitte in Konflikt gerät.*[201]

Blanscheflurs Vorgehen, um ihre Liebe ausleben zu können und die Emotionen, die sie dabei verspürt, entsprechen Isoldes listenreichem Verhalten im weiteren Verlauf des Epos.

4.2.5. Die Liebesbegegnung am Krankenbett

Nach einer kurzen Ohnmacht am Krankenbett *kuste* Blanscheflur Riwalin *hundert tûsent stunt [...] unz ime ihr munt entzunde sinne unde craft zer minne, wan minne was dar inne*[202]. Blanscheflur nimmt hier die Rolle der Lebensspenderin und der Weckerin der schon fast erloschenen Lebensenergie ein. Mit ihrer grenzenlosen Liebe feiert Blanscheflur den Sieg über den Tod und stellt die Einheit der Liebenden wieder her. Am Krankenbett rettet sie nicht nur Riwalins Leben, sie zeugt mit der Empfängnis Tristans auch neues. Diese Kühnheit und ihr Hinwegsetzen über höfische Grenzen beendet ihr eigenes Leben aber schon bald, da sie ihren Liebesschmerz gegen ihren Tod eintauscht: *grôz leit lie sî bî dem man unde truoc daz groezer dan; sî lie dâ senede herzenôt und truoc mit ir von dan den tôt.*[203]

Dennoch kann nicht an Blanscheflurs Eigenständigkeit gezweifelt werden: Sie nimmt, genau wie Isolde, die Liebesgeschichte zwischen sich und Riwalin in die Hand. „Ihre Entschlüsse hat sie eigenhändig gefasst, dann ist sie ihnen stetig gefolgt"[204], so Deist. Die Liebesbegegnung am Krankenbett erinnert dabei an Tristans und Isoldes Stelldichein in der zweiten Baumgartenszene, denn auch dort zieht die Verschmelzung der liebenden weit reichende Konsequenzen nach sich.

---

[201] Deist, 1982, S. 82.
[202] V. 1312ff.
[203] V. 1335ff.
[204] Deist, 1982, S. 83.

4.2.6. Riwalins letzter Kampf in Parmenien

Als die Botschaft von Morgans bevorstehendem Angriff aus Riwalins Heimat kommt, hat die Einheit der Liebenden seinen Höhepunkt erreicht:

> *sus was er sî und sî was er.*
> *er was ir und sî was sîn.*
> *dâ Blanscheflûr, dâ Riwalîn,*
> *dâ Riwalin, dâ Blanscheflûr,*
> *dâ beide, dâ lêal amûr.*[205]

Blanscheflur reagiert auf Riwalins nahende Abreise mit Furcht und Verzweiflung. Wieder gibt sie der Liebe die Schuld an ihrer Not: *minne, al der werlde unsaelekeit, sô kurziu vröude als an dir ist, sô rehte unstaete sô du bist, waz minnet al diu werlt an dir?*[206]

Als sie nach dem Abschied von Riwalin ihr Bewusstsein wieder erlangt, offenbart sie ihm ihre Ängste: Erstens sei sie schwanger und befürchte die Geburt nicht zu überleben, zweitens glaube sie, dass ihr Bruder sie um des Ansehens willen töten würde, sobald er von ihrem unehelichen Kind erfährt. Falls dies nicht der Fall ist, rechne sie mit ihrer Enterbung und dem Verlust von *guot und êre*[207]. Blanscheflur bewertet demzufolge einen möglichen Ehrverlust weitaus negativer als ihren drohenden Tod:

> *und ouwê, swenne daz geschiht,*
> *[...] daz zwei lant von den schulden mîn*
> *genidert unde geswechet sîn,*
> *sô waere ich eine bezzer tôt.*[208]

Bemerkenswert ist, dass Blanscheflur ihren Geliebten, während sie ihm ihre Sorgen schildert, dreimal mit *hêrre*[209] anspricht, was davon zeugt, dass sie, angesichts ihres drohenden Ehrverlusts, Riwalin gegenüber ihre devote Seite präsentiert und ihr Verhalten instrumentalisiert. Im Verlauf der Arbeit wird ersichtlich werden, dass auch Isolde dieses Mittel der Selbstinszenierung gekonnt einzusetzen weiß und zu mittelalterlichen Stereotypen greift, wenn diese ihr zum Vorteil gereichen.

Kurz darauf wird Blanscheflur erneut die Entscheidungsgewalt über den weiteren Verlauf des Geschehens, ja sogar über Riwalins Leben, übertragen, denn Riwalin macht sein Fortgehen ganz allein von ihrem Willen abhängig: *weder ich belîbe oder var. hier under nemet selbe*

---

[205] V. 1358.
[206] V. 1100ff.
[207] V. 1481.
[208] V. 1499ff.
[209] V. 1456, V. 1463, V. 1504

war²¹⁰. Er bietet seiner Geliebten die Möglichkeit, mit ihm nach Parmenien zu fahren. Da es ebenfalls Blanscheflurs Wunsch ist, sich *hin* zu *versteln*²¹¹, erwächst schnell die zweite Täuschung der beiden an der Hofgesellschaft. Blanscheflur sollte sich laut Riwalins Plan heimlich auf das Schiff schleichen, mit dem er seine Abreise antreten würde.

Nach erfolgreicher Überfahrt nach Parmenien offenbart Riwalin seinem treuen Marschall Rual li Foitenant die Liebesbeziehung zu Blanscheflur. Rual rät ihm, die edle Dame zu heiraten, da er durch sie eine Gelegenheit zur Ehrsteigerung für Riwalin wittert: *irne möhtet ûf der erden von wîbe niemer werden sô hôhes namen als von ir*²¹². Für Blanscheflur hat die Hochzeit eine noch wichtigere Funktion:

> *Blanscheflur befindet sich als unverheiratete, schwangere Frau und dazu als Flüchtling in einem fremden Land. Darüberhinaus hat sie die Gewissheit, dass den Vater ihres Kindes sehr bald die Gefahren des Schlachtfeldes erwarten werden²¹³,*

erklärt Deist. Die Hochzeit zwischen Riwalin und Blanscheflur vollzieht sich demzufolge nicht nur aus emotionaler Zuneigung, sondern auch aus gesellschaftlicher Diplomatie. Auch Isolde befindet sich am Marke-Hof in einer Art Ausländerstatus, der ihre Position und Glaubwürdigkeit zusätzlich schwächt, als sie von ihrem Mann des Ehebruchs bezichtigt wird.

Die Befürchtungen Blanscheflurs bezüglich Riwalins Leben bewahrheiten sich schnell: Nach der kirchlichen Zeremonie zieht Riwalin in die Schlacht, überlebt das Kampfgefecht jedoch nicht und *lac dâ jaemerlichen tôt*²¹⁴.

4.2.7. Blanscheflurs Liebestod

So oft Blanscheflur auch schon Schwäche gezeigt hat, so oft sie der Ohnmacht nahe war oder ihr Bewusstsein ganz verloren hat, die Reaktion auf die Botschaft von Riwalins Tod trifft die Verzweifelte tiefer als je zuvor: *sî bewârte al der werlde wol, daz ir sîn tôt ze herzen gie*²¹⁵. Der Tod ihres Geliebten raubt Blanscheflur ihre Lebensenergie, sie verstummt vor Schmerz, ist unfähig zu weinen und bricht zusammen. „[…] der schnelle Tod Riwalins macht […]

---

[210] V. 1531f.
[211] V. 1553.
[212] V. 1616ff.
[213] Deist, 1982, S. 103.
[214] V. 1685.
[215] V. 1724.

deutlich, dass auch die Institution der Ehe nicht dazu tauglich ist, die Liebenden nachhaltig vor dem Leid zu schützen"[216], schreibt Schausten.

Angesichts der Tatsache, dass Riwalin, der Mann, den Blanscheflur aufrichtig liebt und den sie als Retter ihrer Ehre sieht, gestorben ist, lässt auch in Blanscheflur allen Lebensmut schwinden. Vier Tage lang liegt sie in Schmerzensqualen, bevor Sie in schweren Nöten ihren Sohn Tristan gebiert. Indem Sie Tristan sein Leben schenkt, gibt sie ihr eigenes her: Blanscheflur stirbt sofort nach der Geburt.

Indem sein Leben in einem freudvollen Augenblick begründet wurde, der gleichwohl mit Leid besetzt war, und indem seine Geburt gänzlich unter dem Zeichen des Todes stattgefunden hat, erscheint Tristan als Produkt und Folge der Liebe-Leid-Existenz seiner Eltern[217],

argumentiert Schausten. Tristans Determination durch die Vorgeschichte seiner Eltern führt logischerweise und letztendlich auch zu Isoldes Lebens- und Liebestragik.

Im Hinblick auf die Gesamtheit der vorhergehenden Geschehnisse erkennt Deist in Blanscheflurs Liebeserfahrung verschiedene Abstufungen des Leides, in welchen sich diese Liebe entwickelt und vollendet hat.[218]

Blanscheflurs Leid intensiviert sich Szene für Szene. Während sie den Schmerz nach Riwalins Verwundung noch durch „körperliche Kasteiung"[219] bezähmen kann, ist sie bei Riwalins Abschied kaum mehr imstande zu sprechen. „Das einzige Wort der Klage, das ihr Mund noch formen kann, ist *owe*[220], woraufhin sie die Besinnung verliert."[221] Mit Riwalins Tod schließlich kann Blanscheflurs leidvolle Erfahrung nicht mehr übertroffen werden. „Das Maß ihres Leides gestattet keinen Ausdruck der Klage mehr."[222] Gottfried fasst dieses immer größer werdende Unglück leitmotivisch in vier Versen zusammen, wobei er das Topos der *ougenweide*, das er zu Beginn der Vorgeschichte eingeführt hat, wieder aufnimmt:

o we der ougenweide,
da man nach leidem leide
mit leiderem leide
siht leider ougenweide![223]

---

[216] Schausten, 1999, S. 153.
[217] Ebd. 154.
[218] Vgl. Deist, 1982, S. 90.
[219] Schausten, 1999, S. 89.
[220] V. 1394.
[221] Schausten, 1999, S. 89.
[222] Ebd.
[223] V. 1751,

4.2.8. Die Vereinigung von Souveränität und Leiden in der Figur der Blanscheflur

Trotz des unglücklichen Endes fällt auf, wie sehr Blanscheflur ihr Schicksal, angefangen von den ersten auffordernden Blicken, die sie Riwalin zuwirft, bis hin zu den Täuschungen die sie anwendet, um Riwalin am Krankenbett ein letztes Mal zu sehen bzw. mit ihm nach Parmenien zu fliehen, um dem drohenden Ehrverlust zu entgehen, selbst steuert.

Deist bestätigt diese These: „Blanscheflur ist keine von augenblicklicher Sinneslust getriebene Verliebte, die sich über jegliche, ihrem Ziel im Wege stehenden Hindernisse bedenkenlos hinwegsetzt."[224] Jupé erklärt Blanscheflurs „unhöfische Aktivität" mit ihrer „weiblichen Intelligenz"[225], die sie bewusst einsetzt, um sich und ihr gesellschaftlich-höfisches Ansehen nicht zu gefährden.

Kraschewski-Stolz ist hinsichtlich Blanscheflurs List und ihres Intellekts jedoch anderer Meinung: „Jupé unterschlägt die Seite des körperlichen Erlebens in Blanscheflur"[226]. Ihrer Ansicht nach ist Blanscheflur nicht nur eine Frau, die ihre Liebe selbst in die Hand nimmt, sondern diese auch psychisch erleidet, was sich an vielfachen „physischen Termini (*smerze, herzesere, belade-entladen*), in denen sich dies vorwiegend als Belastung und Körperlichkeit äußert"[227], zeigt. Die Autorin sieht in Blanscheflurs Wirken die Korrespondenz von „körperliche[r] Leiderfahrung und bewußtseinsmäßiger Erkenntnis"[228].

4.2.9. Fazit zu Blanscheflurs Funktion im epischen Gefüge

Hinsichtlich ihrer Funktion im Handlungsverlauf des Romans kann für Blanscheflur die Funktion der Darstellung von Tristans Herkunfts- und Jugendgeschichte konstatiert werden. Durch die Art und Weise wie Blanscheflur agiert und entscheidet, wirkt sie in vielerlei Punkten determinierend auf das weitere Leben der Protagonisten. Außerdem erinnert Blanscheflurs Vorgehensweise zur Ermöglichung ihrer Liebe an zahlreichen Stellen an jene der blonden Isolde. Die Vorgeschichte um Riwalin und Blanscheflur hat also neben der Klärung

---

[224] Deist, 1982, S. 85,
[225] Jupé, 1976, S. 38.
[226] Kraschewski-Stolz, 1983, S. 241.
[227] Ebd.
[228] Ebd.

von Tristans Herkunft auch den Auftrag, zentrale Themen und Motive des Gesamtromans einzuführen.

Im Leimrutengleichnis stellt Gottfried die Liebe erstmals als Gefahr dar, was sich später bei Tristan und Isolde exemplifiziert, aber auch schon bei Blanscheflur und Riwalin eine große Rolle spielt.

Blanscheflurs Annäherung an Riwalin ist geprägt von Heimlichkeiten und Verschleierungstechniken, um so zu vermeiden, dass das gesellschaftliche Ansehen in Mitleidenschaft gezogen wird. Mit diesem Verhalten legt Blanscheflur den Grundstein für den späteren Beginn der Liebe zwischen Tristan und Isolde, der ebenfalls nicht offen stattfindet, sondern sich hinter der Schutzmauer von Lügen und Intrigen vollzieht.

Durch eine List vereinigt sich Blanscheflur mit dem todkranken Riwalin und verstößt so gegen die gültige Weltordnung, was schließlich in der leidvollen Existenz Tristans Früchte trägt. Nichtsdestotrotz haucht Blanscheflur mithilfe ihrer aufrichtigen Liebe Riwalin neues Leben ein und veranlasst ihn zur Zeugung Tristans, der gleichzeitig als Symbol des Sieges über den Tod gelten kann. Trotzdem kann Tristan den Tod und das Unheil zu Lebzeiten nicht vollständig abwenden.

Gottfried propagiert dennoch an dieser Stelle, dass echte *minne* mehr wert ist als die bestehende gesellschaftliche Ordnung, eine Meinung, die er bei Tristan und Isolde ebenso vertritt, aber auch relativiert.

Da Blanscheflur zum Zeitpunkt Tristans Geburt zwar schon verheiratet ist, ihre Ehe jedoch noch nicht sozial anerkannt wurde, bringt sie ihren Sohn als illegitimes Kind zur Welt. Die Liebende tauscht ihr eigenes Leben gegen das ihres Sohnes und überträgt dadurch ihr leidvolles Schicksal auf seinen weiteren Lebensweg.

Der durch den Normverstoß erzeugte Sonderstatus Tristans haftet bis zu seinem Erwachsenenalter an diesem und erklärt die Außenseiterposition, die er in seinem gesellschaftlichen Leben sowie in der Ehe zwischen Isolde und Marke einnimmt. Durch die leidvolle Liebesexistenz seiner Eltern ist Tristan ein vergleichbares Los bereits in die Wiege gelegt. Blanscheflur ist demzufolge eine der Hauptdeterminanten für Tristans Schicksal und somit für das schwierige Liebesverhältnis zwischen ihm und Isolde.

4.3. Blanscheflurs Wirken vor dem Erwartungshorizont des Mittelalters

Schon bei der Untersuchung der epischen Funktion Blanscheflurs wird deutlich, dass diese erheblich von dem im Mittelalter üblichen Frauenbild abweicht. Trotzdem gibt es auch Aspekte an ihrer Figur, die vor diesem Hintergrund nicht erstaunlich sind.

4.3.1. Die zeitgenössische Idealität ihrer Erscheinung

Besonders hinsichtlich ihrer beeindruckenden, äußeren Erscheinung und ihrer hohen Tugenden stimmt sie mit dem feudalhistorischen Idealbild überein.

Durch Gottfrieds Lob ihrer außerordentlichen Schönheit nimmt Markes Schwester zudem eine Art Objektstatus ein, was für Edelfrauen in der damaligen Zeit die Norm war. Diese eher passiv geprägte Stellung geht mit einem hohen Unterhaltungswert für die übrigen Hofleute einher. So erfreut Blanscheflur, „das schönste Juwel unter der Menge glänzender Damen"[229] am Hof das andere Geschlecht mit ihrer äußerst angenehmen Erscheinung:

> *diu saelige ougenweide*
> *diu machete ûf der heide*
> *vil manegen man vrech unde vruot,*
> *manec edele herze hôhgemuot.*[230]

Obwohl Blanscheflur die Schwester des mächtigen Marke ist, beschränkt sich ihre Funktion am Hofe auf ein Minimum, nämlich den Hofstaat mit ihrer Präsenz, ihrem Liebreiz und ihrer Makellosigkeit zu erfreuen. Die politische Handlungsmacht, die ihr aufgrund des nahen Verwandtschaftsverhältnisses zu Marke eigentlich zustände, bleibt Theorie, weshalb Blanscheflur in ihrem passiven Status verbleibt.

4.3.2. Die Positionierung der Figur zwischen Heiligkeit und Sünde

Die Schönheit einer Frau ist im Mittelalter nicht nur ihre höchste Auszeichnung sondern auch die Offenbarung der Reinheit ihrer Seele, was bei Blanscheflur ganz und gar zutrifft, da Gottfried sie mit sakralen Attributen versieht. Er nennt sie *die reine, die höfsche* und die *guote mit duhrnechtem muote*[231] und ordnet sie somit im Hinblick auf das polare und ambivalente

---
[229] Maier-Eroms, 2007, S. 207.
[230] V. 641ff.
[231] V. 1166ff.

Verständnis von Weiblichkeit eher dem Vorbild der heiligen Maria zu, als dem der sündigen Eva.

Trotzdem tritt auch die in dieser Zeit übliche misogyne Sicht auf die Frau zu Tage, wenn der Dichter im Rahmen des Leimrutengleichnisses von der Bedrohung spricht, welche von dem weiblichen Geschlecht ausgeht. Der Dualismus Maria – Eva findet demzufolge in der Figur der Blancheflur seine Verkörperung. Diese evaluierende Positionierung Blanscheflurs lässt sich auch in der Handlung nachvollziehen: Einerseits stellt Markes Schwester die ideale Edelfrau im feudalhistorischen Verständnis dar, andererseits handelt sie – genau wie Isolde – voller Raffinesse und Intrigen, um ihre Liebe zu Riwalin ausleben zu können.

4.3.3. Blanscheflurs Stolz und ihre aktive Beeinflussung des Geschehens

Auch die im Mittelalter als normal angesehene, weibliche Unterordnung unter den Mann ist bei Blanscheflur auf den ersten Blick nicht eindeutig zu erkennen. Vielmehr verhält sie sich Riwalin gegenüber sehr selbstbewusst, was schon im ersten Gespräch zwischen den beiden auffällt, worin sie dem Ritter mit einem Rätsel ihre Gefühle offenbart und ihm gnädig seinen scheinbar begangenen Fehler verzeiht:

> ich wil iuch aber versuochen baz,
> wie ir mir ze buoze wellet stân
> umbe daz, daz ir mir habet getân.[232]

Statt der dem Mann Gehorsam leistenden Frau, übernimmt Blanscheflur damit die Rolle der autonomen Auswählenden. Blanscheflur entscheidet sich aktiv für Riwalin, während dieser von ihrer Gunst abhängig ist.

Dennoch wird ihre weibliche Inferiorität und Unterlegenheit deutlich, als sie Riwalin später[233] bei der Eröffnung ihrer Schwangerschaft und ihrer daher rührenden Angst vor einem möglichen Ehrverlust drei Mal mit *herre* anspricht. Jener überlässt ihr jedoch die Entscheidung über seine weitere Zukunft und bietet ihr die Möglichkeit, gemeinsam mit ihm zu flüchten.

Auch wenn es darum geht, ihre Anwesenheit bei Riwalin durchzusetzen und den Verletzten am Krankenbett zu besuchen, behält Blanscheflur die alleinige Handlungsgewalt und schleicht kostümiert in Gestalt einer Ärztin zu ihrem Geliebten. Durch diese erste und die

---

[232] V. 782ff.
[233] V. 1465ff.

spätere zweite Täuschung Blancheflurs, die vollzogen wird, als sie sich heimlich auf Riwalins Schiff schleicht, übertritt sie die Normen der höfischen Gesellschaft.

4.3.4. Ihre Bemühungen um gesellschaftliches Ansehen

Blancheflur gelingt es nicht, ihr Inneres mit dem Äußeren zu harmonisieren, obwohl sie ausnahmslos darauf bemüht ist, der Gesellschaft gerecht zu werden und ihr Ansehen zu wahren, genau wie es nach mittelalterlichem Verständnis eines der primären Ziele einer Frau sein soll. So stellt Blancheflur Riwalin auch deswegen ein Rätsel, weil es ihr um der Ehre willen nicht möglich ist, ihre Gefühle offen zu zeigen. Auch als Blancheflur sich zu ihrer Liebe bekennt, ist sie nicht frei von Sorgen um ihr gesellschaftliches Wohl:

> *mîn tumber meisterlôser muot [...]*
> *er will und will joch al ze vil,*
> *des er niht wellen solte,*
> *ob er bedenken wollte,*
> *waz vuoge waere und êre.* [234]

Deist sieht in der Hochzeit mit Riwalin ebenso eine Hoffnung Blancheflurs, die Gefahr des drohenden Erverlusts zu bannen.[235] Eine Vermählung stellt für Blancheflur demnach einen erneuten Versuch dar, ihre Bedürfnisse mit den Forderungen des Hofes zu vereinbaren. Wie auch später Isolde, gelingt ihr dies jedoch nicht.

4.3.5. Fazit zum Vergleich mit dem mittelalterlichen Frauenbild

Hinsichtlich Blancheflurs makelloser äußerer Erscheinung, ihrem einwandfreien Charakter und dem mit diesen Eigenschaften einhergehenden Unterhaltungswert ihrer Person für den Hofstaat, entspricht Markes Schwester dem zeitgenössischem Frauenbild, welches stets auch eine gewisse Objekthaftigkeit des weiblichen Geschlechts beinhaltet.

Auch ihr Versuch, sich an die gesellschaftliche Wirklichkeit anzupassen und dieser gerecht zu werden, belässt die Figur im Aktionsrahmen der mittelalterlichen Feudalgesellschaft.

An der Unsicherheit des Dichters, Blancheflur als Heilige oder als Sünderin zu betrachten, zeigt sich die zu dieser Zeit verbreitete Ambiguität hinsichtlich des weiblichen Charakters.

---

[234] V. 1045ff.
[235] Vgl. Deist, 1982, S. 103.

Die Argumente für eine Bewertung Blanscheflurs als sündhaft stellen gleichzeitig deren Abweichungen von der mittelalterlichen Weltordnung dar: So besticht Markes Schwester mit einer unüblichen Autonomie bei der Wahl ihres Partners und durch ein ausgeprägtes Selbstbewusstsein diesem Gegenüber. Letzterer erkennt die Entscheidungsgewalt seiner Partnerin an und legt sein Leben in ihre Hände, was von den Erwartungen, die an ein höfisches Paar im Mittelalter gestellt werden, ganz und gar differiert.

Mit ihrem von großer Eigenaktivität und absichtsvollen Täuschungen geprägten Verhalten verstößt Blanscheflur gegen die Normen, denen sie im feudalhöfischen Kontext begegnet, und lässt ihren Gefühlen die Überhand, was in letzter Konsequenz zunächst mit dem Tod ihres geliebten Riwalin und schließlich mit ihrem eigenen Ableben kurz nach der Geburt ihres Sohnes Tristan sanktioniert wird.

5. Floraete

Da Blanscheflur nach Tristans Geburt stirbt, übernimmt Floraete, als Tristans Pflegemutter, dessen gesellschaftliche Sozialisation und Ausbildung. Aus Liebe zu ihm schreckt sie nicht davor zurück, zu einer Lüge zu greifen: Sie spielt der Öffentlichkeit die biologische Mutterschaft zu Tristan vor.

5.1. Floraetes Charakterisierung auf der Ebene des Textes

Nach Blanscheflurs Tod geben Rual und Floraete Tristans Elternschaft vor, um den Knaben aufzuziehen, bis er sein siebtes Lebensjahr erreicht hat. Rual, Tristans offizieller Vater und der Marschall am Hof zu Parmenien, trägt den Beinamen *li foitenant*, was der ‚Treue Haltende' bedeutet[236]. „Die Loyalität gegenüber seinem Herrn, die er vom Vater auch auf den Sohn überträgt sucht ihresgleichen.[237]" Doch auch Floraete, Ruals Ehefrau wird mit diesem Begriff ausgezeichnet. Noch bevor Gottfried näher auf die Geschehnisse eingeht, preist er die unermessliche Ergebenheit der Eheleute Rual und Floraete, die beide *ein triuwe unde ein lîp got unde der werlde wâren*[238]:

> *swer nâch dem vriunde riuwe hât,*
> *nâch tôde triuwe an ime begât,*
> *daz ist vor allem lône,*
> *deist aller triuwe ein crône.*[239]

Er beschreibt Floraete, Ruals Frau, als *saelige marschalkîn*[240], welche die Tugenden der *guote*, *staete* und *reine*[241] in sich vereint und bezeichnet sie nicht nur als Abbild weiblicher Ehre, sondern vergleicht sie mit der Reinheit und Vortrefflichkeit eines Edelsteins. Diese Metaphorik ist auch in Zusammenhang mit Isolde anzutreffen, bei der sie dieselbe Funktion erfüllt.

Ruals Befehl, eine Schwangerschaft vorzugeben und Tristan schließlich als ihr eigen Fleisch und Blut darzustellen, befolgt Floraete ohne zu zögern, ja sogar mit großer Bereitschaft. Dies

---
[236] Hollandt, 1966, S. 22.
[237] Ebd.
[238] V. 1802f.
[239] V. 1795f.
[240] V. 1904.
[241] V. 1906f.

ist zum einen ihrem bedingungslosen Gehorsam gegenüber dem Gatten, zum anderen ihrem Bestreben, die eigene Ehre zu vergrößern, zu verdanken:

> *[...] diu was des lîhte gemant,*
> *daz ir doch z'êren was gewant*[242]

Die faktisch stattfindende Vorspiegelung falscher Tatsachen durch die Eheleute und Gottfrieds überschwängliches Lob scheinen auf den ersten Blick nicht kompatibel zu sein, jedoch wird schnell klar, warum Gottfried Rual und Floraete seine höchste Anerkennung zuteil werden lässt. Die beiden geben Tristan als ihr eigenes Kind aus, um ihn vor dem Zorn Morgans zu beschützen. Diesen hat Tristan zu befürchten, wenn Morgan von seiner Existenz erfährt. Der Hinterhalt der beiden steht daher ganz im Zeichen der Loyalität und Liebe zu Tristan, die Täuschung wird lediglich zur Wahrung der Interessen des jungen Herrn und zum Besten des Landes begangen. Aus diesem Grund erklärt Gottfried die sittliche Vollendung - *âne alle missewende unz an ir beider ende*[243] - der Eheleute und ganz besonders die Vorbildlichkeit Floraetes: *ez wart durch triuwe getan*[244]. Der Betrug lässt laut Gottfried keinen Zweifel an der moralischen Integrität der Eheleute.

Weiter spricht Gottfried von Floraete als dem *saeli[gen] wîp*[245] und greift damit eine Bezeichnung auf, die der Dichter im *huote-* Exkurs der idealen *frouwe* zukommen lässt. Doch Floraete ist nicht nur eine vorbildliche Ehefrau, auch ihre mütterliche Seite scheint voll und ganz vollendet zu sein:

> *si leite ouch allen ir sin*
> *mit muoterlîcher liebe an in*
> *und was des alsô staete,*
> *als ob sî'n selbe ie haete*
> *under ir brüsten getragen.*[246]

Floraete, *die guote marschalkîn*[247], liebt Tristan mit solcher Inbrunst, als wäre er ihr eigener Sohn. Ständig sorgt sich die Frau um das Wohlergehen ihres Pflegesohnes und kümmert sich mit großem Eifer um den jungen Tristan. Dementsprechend ist es laut Gottfried noch niemals geschehen, *daz ein man unde ein wîp ie mê mit solher liebe ir hêrren zugen*[248].

---

[242] V. 1909f.
[243] V. 1809f.
[244] V. 2030.
[245] V. 1895.
[246] V. 1941f.
[247] V. 1955.
[248] V. 1948f.

Der Text zeigt deutlich, welche Wertschätzung Gottfried Floraete zukommen lässt. Sie entspricht seinem Idealbild einer loyalen Ehefrau und fürsorglichen Mutter. Durch die List, die Floraete anwendet, nimmt sie Tristans Schicksal in die Hand und leistet einen großen Beitrag zum weiteren Verlauf des Geschehens. Sie ist ganz und gar nicht tatenlos, sondern übernimmt bezüglich ihrer eigenen Bestimmung und dem Los ihres Pflegesohnes das Ruder, was aus ihrer Liebe zu Ehemann Rual, aus ihrem zärtlichen Mutterherzen und aus ihrer sittlichen Vollkommenheit resultiert.

5.2. Floraetes Funktion im epischen Gefüge

Als Tristans Pflegemutter spielt Floraete eine bedeutende Rolle. Ihre Funktionen beschränken sich jedoch nicht nur auf den mütterlichen Aspekt, sondern können hinsichtlich verschiedener Dimensionen beleuchtet werden.

5.2.1. Floraete und Rual als Existenzsicherung für Tristan

Floraete und Rual nehmen den verwaisten Tristan als ihr eigenes Kind auf und sorgen somit für die Sicherung seines weiteren Lebens und einer ihm angemessenen Entwicklung. Erst das Ehepaar ermöglicht Tristan den Fortbestand seines Daseins, und das zudem unter sehr guten Bedingungen:

> *dô Blanscheflûr, ir vrouwe, erstarp*
> *und Riwalîn begraben was,*
> *des weisen dinc, der dô genas,*
> *daz gevuor nâch ungenâden wol*
> *als des, der vürbaz komen sol [...]*[249]

Für Tristans Wohl nehmen Rual und Floraete sogar das große Leid des Volkes in Kauf, das, nach dem Betrug der beiden, an den Tod von Riwalins Kind glaubt. Die Verzweiflung eines ganzen Hofstaates wiegt für den Marschall und die Marschallin demnach geringer als ein mögliches Unglück für ihren Herrn Tristan.

Floraete und Rual retten nicht nur Tristans Leben, sie beerben diesen auch reichlich, indem ihm Rual seine Ländereien, Städte und Burgen, die noch aus der Zeit Kanelengres' in seiner Obhut sind, hinterlässt und Tristan so zu gewaltigen Besitztümern verhilft. Als Dank für ihr

---
[249] V. 1818ff.

liebevolles und wohlwollendes Verhalten ihm gegenüber beweist Tristan Floraete Sohnestreue bis zu ihrer beider Tod: *si lag des sunes inne dô, der ir sunlîcher triuwe pflac unz an irer beider endetac.*[250]

5.2.2. Die richtungweisende Funktion der Eheleute

Die Eheleute, allen voran Floraete, die ihre Schwangerschaft mit Tristan und dessen Geburt simuliert, bewahren den Jungen nicht nur vor Unglück und retten sein Leben, sie verändern sein Schicksal auf grundlegende Art und Weise und wirken somit richtungweisend auf Tristans späteres Leben ein.

> *sich treit der werlde sache*
> *vil ofte z'ungemache*
> *und aber von ungemache*
> *wider zu guoter sache.* [251]

Ebenso sichern die beiden die friedliche Existenz eines ganzen Volkes: Indem Rual sich vor Morgan ergibt und sich und seinen Besitz dessen Gnade ausliefert, garantiert das Ehepaar den Frieden für das gesamte Volk. Dieses Verhalten lässt auf eine altruistische Gesinnung schließen.

5.2.3. Der Betrug im Dienste der Sittlichkeit

Um die Menschen glauben zu lassen, dass Floraete mit Tristan schwanger sei, greift diese, trotz ihrer ethisch wertvollen Mentalität, zu vielerlei Listen. Dabei legt sie eine außerordentliche Falschheit an den Tag:

> *si gelîchsente grôz ungehabe*
> *an muote unde an lîbe*
> *gelîch einem wîbe,*
> *diu ze solhen noeten gât,*
> *diu al ir dinc gestellet hât*
> *ze sus getâner arbeit*[252].

Da Floraete ihre Betrügereien in den Dienst einer sittlichen und von vornehmem Charakter zeugenden Sache stellt, betrachtet Gottfried ihr Verhalten jedoch nicht als Normabweichung, sondern als Beweis ihres moralisch einwandfreien Wesens. „[Ihr] Tun wird durch die Not-

---

[250] V. 1634.
[251] V. 1864ff.
[252] V. 1925ff.

wendigkeiten bestimmt, welche die jeweilige Situation erfordert, und es wird durch ihre Gesinnung gerechtfertigt"[253], argumentiert Schwarz. Ein ähnliches Verhalten zeigt der Dichter im weiteren Verlauf des Romans bei Isolde, Tristans späterer Geliebten. Da diese ihre moralischen Fehltritte in den Dienst ihrer Liebe zu Tristan stellt, wird sie von Gottfried nicht verurteilt.

5.2.4. Floraetes erziehende und lehrende Funktion

Indem sie Tristan grundlegende Kenntnisse und Fähigkeiten vermittelt und ihn im richtigen Benehmen unterweist, fungiert die Marschallin außerdem als Erzieherin und Lehrerin. So schafft sie die Grundlage für seine weitere intellektuelle Ausbildung, der Tristan überaus eifrig nachgeht und die seine geistige und höfisch-sittliche Vervollkommnung erst ermöglicht: *sîn dinc was allez ûz erkorn beide an dem muote und an den siten.*[254]

Nichtsdestoweniger ist Tristans Ziehmutter stets darum bemüht, ihren Sohn vor jeglicher Art von Gefahr fernzuhalten. Sie umgibt diesen gleichsam einer Schutzhülle:

> *sin süeziu muoter leite an in*
> *mit alsô süezem vlîze ir sin,*
> *daz s'ime des niht engunde,*
> *daz er ze keiner stunde*
> *unsanfte nider getraete.* [255]

5.2.5. Floraetes aufopfernde Mutterliebe

Dass Gottfried die Marschallin als vollkommenes und somit *saeliges wîp* ansieht, bezeugt auch seine Aussage über Floraetes Harmonie zwischen ihren Absichten und Worten:

> *wan swâ daz wort von munde gie,*
> *dâ gie der süeze wille ie vor.*
> *ir herze daz vuor rehte enbor,*
> *als ez gevidert waere.*
> *si wâren vil einbaere beidiu ir wille und ir wort.* [256]

Das, was Floraete durch ihre Worte mitteilt, fühlt sie auch. Ihr Inneres stimmt folglich mit ihrem äußeren Verhalten überein. Damit entspricht die Marschallin Gottfrieds Postulat einer

---

[253] Schwarz, 1955, S. 6.
[254] V. 2126.
[255] V. 2051.
[256] V. 5242.

idealen Frau, die sich durch die Herstellung von Einklang zwischen den Anforderungen der Gesellschaft und ihren persönlichen Wünschen vervollkommnet.

Dass Tristan die Eltern bald nach seiner Rückkehr wieder verlässt und nach Cornwall abreist, ist für Floraete eine überaus schmerzliche Erfahrung, welche sich für sie nur durch noch extremere körperliche Leiden in den Hintergrund drängen lässt:

> *diu marschalkîn Floraete,*
> *diu triuwe und êre haete,*
> *diu leite marter an ir lîp*
> *als mit allem rehte ein wîp,*
> *der got ein gerehtez leben*
> *an wîbes êren hât gegeben.*[257]

Floraetes Selbstmarter bei Tristans Abschied verdeutlicht noch einmal das hingebungsvolle Wesen der liebenden Mutter und die große Wertschätzung, die sie ihrem Sohn, dessen Leben sie als wertvoller einschätzt als ihr eigenes, entgegenbringt. „Der Marschall, der nur für das Wohl seines jungen Herrn lebt [...] und Floraete, die den Gatten jahrelang entbehrt, *damit er ir kint* (5253), *ir sun Tristanden* (5255) zurückbringe, sind, ihrer ganzen Gesinnung nach, wirklich Tristans Eltern"[258], so Hollandts Überzeugung.

Eine ähnliche Bereitschaft zur Selbstaufopferung bringt auch Isolde ihrem Geliebten entgegen, als sie diesen nach Markes Entdeckung ziehen lässt, damit er sein Leben retten kann:

> *er mac vil gerne von mir varn,*
> *sîn êre und sînen lîp bewarn.*
> *wan sollte er lange bî mir wesen,*
> *sone kunde er niemer genesen.*[259]

5.2.6. Fazit zu Floraetes Funktion im epischen Gefüge

Floraete erfüllt hinsichtlich Tristan, aber auch in Bezug auf die sich entfaltende Handlung, in chronologischer Reihenfolge betrachtet, folgende Funktionen:

Indem sie Tristan als eigenen Sohn anerkennt und aufnimmt, sichert sie seine grundlegende Existenz und beschützt ihn vor weiterem Unheil, eine Aufgabe, die sie auch in seiner späteren Kindheit nicht vernachlässigt. Auch steuert sie damit seinen zukünftigen Lebensweg, der ohne Floraete und Rual vermutlich anders verlaufen würde.

---

[257] V. 5861.
[258] Hollandt, 1966, S. 26.
[259] V. 18575.

Ihre Mission geht jedoch über eine bloße Existenzsicherung hinaus. Vielmehr trägt sie wesentlich zur vorzüglichen Ausbildung Tristans bei, die in dessen Jugendalter noch vervollständigt wird, und legt so den Grundstein für seine gesellschaftliche und höfische Profilierung im Erwachsenenalter. Seine in der Kindheit genossene Lehre gibt Tristan schließlich Isolde weiter.

Die reine Schutzfunktion Floraetes wird ergänzt durch die finanzielle Absicherung Tristans mit seiner Beerbung durch Pflegevater Rual. Bei all diesen Unterstützungsmaßnahmen stellt Floraete ihre eigene Person und vor allem ihr eigenes Lebensglück zurück. Dies zeigt sich als sie drei Jahre lang ihren Mann entbehrt, damit dieser den entführten Tristan suchen kann.

Ihr autodestruktives Verhalten bei Tristans endgültiger Abreise zeugt von einer Stellung ganz im Dienste ihres jungen Herrn. Aus dieser Position tritt sie nur unfreiwillig und unter großen emotionalen Schmerzen, die durch das körperliche Leid zu Tage treten. Damit lässt sie Tristan aber auch den nötigen Freiraum, den dieser benötigt, um sich als Ritter zu etablieren, die Schwertleite anzutreten und der in seinen Augen wahren Minne zu begegnen.

Die Gegebenheit, dass Rual und Floraete nicht mehr am Leben sind, als Tristan Jahre später nach Parmenien zurückkehrt, lässt auf die Unfähigkeit der beiden zur Fortführung ihres Lebens in Tristans Abwesenheit schließen, aber auch auf das Ableben der beiden als einer logischen Konsequenz der Erfüllung ihrer Sozialisationsfunktion.

5.3. Floraetes Wirken vor dem Erwartungshorizont des Mittelalters

Floraete kommt in ihrer Rolle als Ziehmutter Tristans eine große Bedeutung zu. Sie legt nicht nur den Grundstein für Tristans Entwicklung und Ausbildung, sondern bestimmt sein grundlegendes Schicksal in erheblichem Maße mit. Dies gibt Anlass zur Debatte, inwieweit die Figur der Floraete mit dem doch recht eng umrissenen Idealbild der mittelalterlichen Frau übereinstimmt.

5.3.1. Ihre Position im Ausgleich zwischen Unterordnung und Behauptung

Die wohl signifikanteste Eigenschaft der mittelalterlichen Frau ist ihre sowohl kirchlich als auch feudal-gesellschaftlich vorausgesetzte Inferiorität gegenüber dem Mann. Dies hat die Unterordnung unter die Autorität und Vormundschaft des Gatten und eine unbedingte Gehorsamkeit zur Konsequenz. Hinsichtlich dieser Aspekte entspricht Floraete dem mittelalterlichen Postulat, auch wenn sie als Frau des Marschalls durchaus einen hohen Stand einnimmt. Rual befiehlt ihr unter Androhung der Todesstrafe, die Schwangerschaft mit Tristan und dessen Geburt zu simulieren, was Floraete anstandslos befolgt:

> *der getriuwe marschalc Foitenant*
> *vuor heim und sprach sîn saelic wîp*
> *und bevalch ir verre und an den lîp,*
> *daz sî sich in leute*
> *nâch der gewonheite,*
> *als ein wîp kindes inne lît, [...]*[260]

Einschränkend zu Floraetes ehelicher Ergebenheit muss jedoch angeführt werden, dass diese Anordnung auch in ihrem Sinne ist, da sie somit ihr Ansehen vermehren kann:

> *[...] diu was des lîhte gemant,*
> *daz ir doch z'êren was geawant.*[261]

Es spielen also durchaus auch eigene Überlegungen und Interessen eine Rolle, jene werden bei mittelalterlichen Frauen, die frei von machtpolitischem Kalkül und nur ihrem Gatten verpflichtet sein sollen, eher selten befriedigt. Doch richten sich diese Belange meist auch auf das Endziel der Befriedigung der Erwartungen des Ehemannes und der Gesellschaft: Indem Floraete scheinbar ein Kind zur Welt bringt, vergrößert sie ihr Ansehen, das ihr als mittelalterlicher Frau mit der Hauptfunktion der Zeugung und Erziehung von Nachkommen, zukommt.

5.3.2. Die Vorbildlichkeit der Ehe zwischen Floraete und Rual

Zudem geschieht die Anordnung nicht aufgrund Ruals Bedürfnis nach Dominanz und Macht, sondern im Rahmen einer auf tiefer Treue und Harmonie basierender Ehegemeinschaft. Dies lässt Gottfried gleich zu Beginn der Rual-Floraete-Geschichte anklingen:

---

[260] V. 1894ff.
[261] V. 1909f.

> der marschal und sîn saelec wîp
> die beide ein triuwe unde ein lîp
> got unde der werlde wâren.²⁶²

Indem Gottfried die *triuwe* der Eheleute betont, liefert er zugleich die Gewährleistung für eine der drei im Mittelalter kirchlich propagierten Ehegüter: Die gegenseitige Treue. Auch den zwei übrigen Vorstellungen von mittelalterlicher Ehe, der Erzeugung und Erziehung von Nachkommen und der Unauflöslichkeit des Bundes als heiliges Sakrament, kommt Floraete nach, indem sie Rual einen Erben schenkt – selbst wenn dieser nicht leiblich ist - und indem auch Ruals dreijährige Suche nach Tristan Floraetes Loyalität keinen Abbruch tut.

5.3.3. Kirchliche Vorstellung vs. gesellschaftlicher Anspruch: Floraete schafft Harmonie

In den zuletzt zitierten Versen wird zudem die Harmonie zwischen kirchlich-religiösen Vorstellungen und feudaladeligen Gesellschaftsansprüchen verdeutlicht, welche das Paar laut Gottfried herzustellen vermag. Floraete scheint demnach ein normkonformes und gesellschaftstaugliches Verhalten an den Tag zu legen, das sowohl den Forderungen der Kirche, als auch den Erwartungen des Hofes entspricht. Dies stellt für eine mittelalterliche Frau das höchste ihrer Verhaltens- und Gesinnungsziele dar.

Um sich laut Gottfried zum *saeligen wîp* zu etablieren, müssen jedoch auch die eigenen Interessen in Einklang mit der Außenwelt gebracht werden, was Floraete zwar gelingt, ihr jedoch auch den Zwang auferlegt, zum Betrug zu greifen.

5.3.4. Der Betrug als normabweichendes Verhalten?

Die Marschallin versündigt sich aus kirchlicher Sicht, indem sie den Betrug um Tristans Herkunft begeht. Da Floraete im Mikrokosmus ihrer Ehe aber das Richtige tut und ihrem Gatten Folge leistet und weil sie sie das Vergehen in den Dienst einer höheren, ethisch wertvollen Sache stellt, wird ihr Verhalten auch im Makrokosmus der Gesellschaft nicht bestraft. Obwohl Floraete, oberflächlich betrachtet, zunächst Unrechtes tut, verstößt sie nicht gegen die Auflagen ihres mittelalterlichen Handlungsspielraums und damit der gültigen

---

²⁶² V. 1801ff.

Weltordnung. Somit begeht Floraete keinen Normverstoß, der auf der Ebene des Textes sanktioniert werden müsste.

Diesem Gedanken könnte jedoch entgegengehalten werden, dass Floraete sehr wohl mit dem Verlust ihres Sohnes, der langjährigen Abwesenheit ihres Ehemannes und der körperlichen Marter bei Tristans endgültigem Abschied bestraft wird. Da im höfischen Roman die Auffassung vertreten wird, dass einer Strafe oder einer Buße immer auch eine Schuld vorangehen muss, könnte es sich bei Floraete und Ruals Betrug womöglich doch um einen Normverstoß handeln. Von Bedeutung sei hier jedoch nur, dass Gottfried das betrügerische Verhalten der Eheleute keineswegs als Vergehen betrachtet oder gar verurteilt.

Zu berücksichtigen ist aber auch, dass die Vorspiegelung falscher Tatsachen aus der Sicht des mittelalterlichen Frauenbildes, welches eine Frau postuliert, die frei von jeglicher Sünde ist – diese manifestiert sich im glorifizierten Bild der Maria -, keineswegs tragbar ist. Andererseits geht die mediävistische und die somit von Misogynität geprägte Perspektive von der Erbsünde der Frau aus, die sämtlichen Nachkommen der Eva anhaftet, was den Betrug Floraetes insgesamt tolerierbarer macht.

5.3.5. Die Balance zwischen häuslicher Betätigung und politischem Einfluss

Hinsichtlich des Handlungsspielraums und des Betätigungsfeldes entspricht Floraete wiederum den mittelalterlichen Vorstellungen der häuslich und erzieherisch wirkenden Frau. In der vorzüglichen Ausbildung, die sie Tristan zukommen lässt, manifestiert sich jedoch auch ihre hohe intellektuelle Bildung.

Als der Marschall drei Jahre abwesend ist, um Tristan zu suchen, muss sie seine Pflichten bezüglich Herrschaft und Besitz übernehmen und ihn würdig vertreten. Es lässt sich also keineswegs konstatieren, dass Floraete in einem lediglich geringen Handlungsspielraum agiert, vielmehr wird ihr eine große Verantwortung übertragen. Dieser politischen Verfügungsgewalt - die im Übrigen textuell nicht dargestellt wird, von der aber aufgrund fehlender Alternativmöglichkeiten im Geschehen ausgegangen wird - kann sie nur mit aktivem Handeln gerecht werden. Die bei vielen mittelalterlichen Frauen anzutreffende Passivität findet in diesem Weiblichkeitsentwurf demnach keine Bestätigung.

Dennoch haftet Floraete ein gewisser Objektstatus an, da sie hinsichtlich ihres Ehemannes als reine Funktionsträgerin gesehen werden kann: So dient sie ihrem Mann als treue Ehefrau, als liebevolle Erzieherin des Sohnes Tristans, als repräsentative Marschallin und als seine kompetente Vertretung während seiner Abwesenheit.

5.3.6. Fazit zum Vergleich Floraetes mit dem mittelalterlichen Frauenbild

Zusammenfassend kann zu Floraete und ihrer Entsprechung zum mittelalterlichen Frauenbild bemerkt werden, dass die Marschallin sowohl traditionell-zeitgenössische als auch unkonventionelle Handlungsweisen vereint.

Zwar ist sie ihrem Mann Untertan, doch handelt sie in gewisser Weise auch aus Eigeninteresse und lebt zudem in einer auf Treue und Liebe basierenden Partnerschaft. Freilich übernimmt Floraete die häusliche Erziehung Tristans und lässt ihm ihre hohe Bildung zuteil werden, dennoch liegt es nahe, dass sie diejenige ist, die sich in Ruals Abwesenheit um dessen Ämter kümmert. Auch die Freiwilligkeit der Pflege Tristans steht außer Frage, wenn man den liebevollen Umgang der Mutter mit ihrem Sohn betrachtet und ihr beständiges Schutzverhalten ihm gegenüber.

Mit der Vorspiegelung falscher Tatsachen bezüglich Tristans Geburt und Herkunft verstößt sie zwar gegen das Prinzip der Ehrlichkeit, tut dies jedoch nur im Dienste einer sittlich wertvolleren Angelegenheit und auf Befehl ihres Gatten. Lässt man diesen Aspekt außen vor, so entspricht sie der mittelalterlichen Frau, die bezüglich ihres Mannes zwar einen eindeutigen Funktionscharakter hat und an seiner Seite für die Erzeugung und Erziehung von Nachkommen zuständig ist, dies jedoch auf der Basis eines gemeinsamen und für beide Seiten befriedigenden Konsenses tut.

6. Brangäne

Brangäne, welche zunächst die Zofe der irischen Königin und schließlich der blonden Isolde ist, nimmt eine wichtige Rolle im Roman ein: Sie ist die Hauptvertraute des Liebespaares Tristan und Isolde. Dessen ungeachtet trägt sie einen Teil der Verantwortung für deren Schicksal und für die letztlich fatale Aneinanderreihung der Ereignisse, die schließlich zur Verbannung Tristans führen.

6.1. Brangänes Charakterisierung auf der Ebene des Textes

Unvermittelt und beinahe nebenbei führt Gottfried Brangäne, die Nichte der Königin Isolde, ein, als es darum geht, den wahren Drachentöter zu finden, der Isolde vor einer Verheiratung mit dem Truchsess bewahren soll.

> *Brangaene, stant ûf lîse*
> *und sage uns Paranîse,*
> *daz er uns satele schiere.*
> *wir müezen varn wir viere,*
> *ich und mîn tohter, dû und er.*[263]

Während die erste Erwähnung Brangänes wenig Aufschluss über deren Charakterisierung auf der Grundlage des Textes gibt, sagt die nächste Szene, in der die „Confidente"[264] auftaucht, mehr über ihre Person und ihre gesellschaftliche Stellung aus: Als die drei Frauen den verwundeten Tristan mit der Zunge des Drachen finden, fragt die Königin Brangäne nach deren Meinung und offenbart mit der Anrede *höfschiu niftel* das Verwandtschaftsverhältnis.

> *«sich, warte» sprach diu künigîn*
> *«waz ist diz oder waz mag diz sîn?*
> *Brangaene, höfschiu niftel, sprich! »*[265]

Laut Deist wird mit dem Adjektiv *höfschiu* nur derjenige bezeichnet, „der sich in Fragen der höfischen Konvention auskennt und darauf auch zu achten weiß"[266], was Rückschlüsse auf Brangänes höfischen Stand und ihre dementsprechende Bildung zulässt.

Als Tristan aus seiner Ohnmacht aufwacht, ist er von dem Anblick der drei Damen entzückt:

---
[263] V. 9317ff.
[264] Deist, 1989, S. 12.
[265] V. 9419ff.)
[266] Deist, 1989, S. 16.

> mich hânt driu lieht besezzen,
> diu besten, diu diu werlt hât,
> manges herzen vröude unde rât
> und maneges ougen wunne:
> Isôt diu liehte sunne
> und ouch ir muoter Isôt
> daz vrôliche morgenrôt,
> diu stolze Brangaene
> daz schoene volmaene! [267]

Tristans Bezeichnung der Frauen als Sonne, Morgenröte und Mondlicht weist auf die enorme Bedeutung hin, welche den dreien in Tristans Leben zukommt. Die symbolische Dreigliedrigkeit drückt aus, dass neben den beiden Isolden auch Brangäne maßgeblich für das weitere Schicksal aller Beteiligten ist. Die Titulierung Brangänes als Mondlicht stellt einen Gegensatz zur Bezeichnung Isoldes als Sonne dar, was auch in den Charakteren der beiden Frauen offensichtlich wird. Insgesamt aber vervollständigen sich die drei Damen zu einem „harmonischen Trio"[268].

Weitere Einzelheiten zu Brangänes Person treten in der Badszene in Erscheinung, als die junge Isolde Tristans Schwert untersucht, die dort fehlende Scharte entdeckt und so die wahre Identität des Spielmannes Tantris als Verantwortlichen an der Ermordung ihres Onkels entlarvt. „Gerade droht Isolde, ihrem Todfeind Tristan Gewalt anzutun, da betritt Brangäne die Szene"[269]:

> ie mitten kam Brangaene
> diu stolze, diu wîse
> lachende unde lîse,
> schône unde wol gestrichen
> aldort her în geschlichen [...][270]

Wenn Gottfried Brangäne als *diu stolze, diu wîse* bezeichnet, versieht er diese mit den Prädikaten höfischer Vollkommenheit. Neben einer äußerst anmutigen Erscheinung (*schône unde wol gestrichen*) besticht Königin Isoldes Nichte ebenso durch ihr angenehmes Wesen, das Gottfried als *lachende* und *lîse* bezeichnet. Außer dem Adjektiv *lîse* vermittelt auch das Verb *geschlichen* den Eindruck von Ruhe und Behaglichkeit, aber auch – taucht man unter Einbezug Brangänes weiterer Tätigkeit tiefer in die Interpretation ein - von Verschwiegenheit und Diskretion, was sich an ihrer Mitwisserschaft hinsichtlich der Liebesgemeinschaft zwischen Tristan und Isolde bewahrheitet.

---

[267] V. 9452ff.
[268] Maier-Eroms, 2007, S. 225.
[269] Deist, 1982, S. 17.
[270] V. 10358ff.

Hier kann bereits von einer sinnbildlichen Bedeutung der Beschreibung für Brangänes Charakter ausgegangen werden.[271] Deist bemerkt außerdem, dass sie Wesenszüge besitzt, die der Königin Isolde sehr ähneln, nämlich Würde, Stolz, Klugheit und Beherrschtheit. „Wie Isolde ist sie jung und schön, sie steht also der Mutter im Wesen und der Töchter im Äußeren in nichts nach"[272].

Brangänes liebreizende Gestalt wird dem Leser noch einmal vor Augen geführt, als Tristan am Tag des Zweikampfes zwischen ihm und dem Truchsess mit der Zofe an seiner Seite in den Saal einzieht:

> *hie mite kam ouch geslichen sa*
> *diu stolze Brangaene,*
> *daz schoene volmaene,*
> *und vuorte ze handen*
> *ir geverten Tristanten.*
> *diu stolze und diu wol gesite*
> *si gieng im siteliche mite,*
> *an libe und an gelaze*
> *liutsaelic uzer maze,*
> *ir muotes stolz unde vri.*[273]

Wiederum „schwebt" Brangäne, der schöne Vollmond, gleichsam neben Tristan her, wird ihm durch ihre Schönheit durchaus gerecht und ist „weit davon entfernt neben diesem zu verblassen"[274].

Gottfried bezeichnet Tristan als ihren *geverten*, was als Vorausdeutung auf Brangänes spätere Rolle als dessen Verbündete gedeutet werden kann. Ferner unterstreicht der Dichter ihre vollkommene Beherrschung höfischen Anstands (*wol gesite, siteliche, gelaze*) und legt so deren grundlegende Charakterzüge frei. Die mehrfache Attribuierung Brangänes als „stolz" bezieht sich zunächst auf „ihre prächtige, stattliche Erscheinung neben Tristan und schließt gleichermaßen ihre hochgemute Gesinnung und unabhängige Denkweise ein, die richtungweisend für ihr Wesen ist"[275].

---

[271] Vgl. Deist, 1982, S. 18.
[272] Deist, 1982, S. 19.
[273] V. 11080 ff.
[274] Maier-Eroms, 2007, S. 225.
[275] Deist, 1989, S. 28.

6.2. Brangänes Funktion im epischen Gefüge

Von Anfang an instrumentalisiert Gottfried das Auftreten Brangänes und legt durch die gezielte Ausgestaltung ihrer Handlungsrolle und der absichtsvoll inszenierten Interaktion mit den übrigen Romangestalten den funktionellen Wert dieser Figur dar.

6.2.1. Die Identifikation des wahren Drachentöters

Durch ihre wahrsagerischen Träume bestärkt, ordnet die Königin Isolde eine erneute Suche nach dem Drachentöter an. Sie selbst, die junge Isolde, Paranis und Brangäne entdecken schließlich Tristan, der in einem Sumpfloch treibt und dem Tode nahe ist. Bei sich trägt er die Zunge des getöteten Drachen. Erst als Brangäne die Authentizität des Organs bestätigt, sind auch die beiden Isolden von dieser überzeugt:

> *Brangaene, höfschiu niftel, sprich!»*
> *«ez is ein zunge, dunket mich.»*
> *«du sprichest wâr, Brangaene.*[276]

Indem Brangäne Tristan als den wahren Sieger über das Ungeheuer identifiziert und so die Lüge des Truchsess entlarvt, rettet sie nicht nur Tristans Leben, sondern bestimmt auch den Handlungsfortgang des Romans. Ebenso wird deutlich, wie sehr die beiden Isolden auf die Urteilskraft der nahen Verwandten bauen, was Brangänes Rolle als Vertraute und Ratgeberin in der Gesamthandlung des Werkes anklingen lässt. „Ab dem Zeitpunkt der Rettung Tristans ist Brangaene von Gottfried in die Personenkonstellation Isolde – Tristan eingebunden."[277] bestätigt Braunagel.

---

[276] V. 9421.
[277] Braunagel, 2001, S. 140.

6.2.2. Brangäne als Lebensretterin Tristans

Die beratende Position Brangänes wird ebenfalls in der Badszene deutlich, als Isolde und ihre Mutter nach dem Aufdecken Tristans Mord an Morold nach Rache sinnen. Brangäne, *diu stolze, diu wîse [...] diu gevüege*[278] ist empört, als sie die Szenerie im Bad vorfindet und hilft den beiden Isolden, die „zwischen Haß und kühler Überlegung schwanken[...]"[279] aus ihrer Ratlosigkeit:

> *niftel, waz raetest dû dar zuo?»*[280]

Brangäne appelliert an Isoldes *saelde und [...] sin*[281], um diese von einer Vergeltung abzuhalten, woraufhin der Leser auf ihren großen Bedacht auf die Bewahrung der höfischen Ehre hingewiesen wird. Die Nichte erinnert die ungestüme Isolde an ihr Versprechen, Tristan *vride und [...] huote*[282] zugestanden zu haben, um deren Ansehen nicht zu gefährden. Isolde jedoch kann sich keine Alternative vorstellen und überträgt Brangäne die Handlungsmacht, welche jene aber nicht auf sich nimmt, sondern stattdessen Isoldes Selbstständigkeit beschwört.

> » *waz wiltu danne, daz ich tuo?* «
> » *vrouwe, dâ denket selbe zuo.* «[283]

Brangäne fordert Isolde auf, *daz waegeste*[284] zu tun, Tristan zu verschonen und ihm mit feinem Anstand zu begegnen, sodass letztendlich jene selbst davon profitiert. „Während die beiden Königinnen in Tristan nur den Mörder Morolts sehen und ganz im Gedanken der Rachepflicht befangen sind, macht Brangaene [...] Gesichtspunkte geltend, die die Person des Angeschuldigten und dessen Gesinnung ins Spiel bringen"[285].

Als Tristan infolgedessen um Erbarmen fleht, bemerkt Brangäne die ungewöhnliche Länge seines Kniefalls und damit das Überschreiten der „Grenzen der Ziemlichkeit"[286], woraufhin Isolde erneut wissen möchte: » *waz wiltu nû, daz ich im tuo*[287]. Brangäne rät, Tristan den

---

[278] V. 10359ff.
[279] Hollandt, 1966, S. 41.
[280] V. 13386.
[281] V. 10388.
[282] V. 10397.
[283] V. 10386.
[284] V. 10408.
[285] Hollandt, 1966, S. 42.
[286] Deist, 1982, S. 19
[287] V. 10481.

Fortbestand seines Lebens zu garantieren, was die beiden Isolden uneingeschränkt akzeptieren: *» nû sî daz «*[288].

Tristan offenbart der Königin Isolde schließlich, dass der ehrwürdige Marke um sie wirbt und sie heiraten möchte, woraufhin sich die Königin nicht etwa nach dem Willen ihrer Tochter erkundigt, sondern Brangäne den Vorschlag beurteilen lässt:

> *» Brangaene, sprich, was raetestû, wie dunket dich? «*[289]

Deist bemerkt an dieser Stelle die erstaunliche Tatunfähigkeit der Königin, während Isolde, die zuvor von ihrer Mutter zur Mäßigung gerufen wurde, überhaupt nicht mehr in die Verhandlung miteinbezogen wird.[290] Als Brangäne Tristans Angebot schließlich gutheißt, ist die Entscheidung der Zusage schnell gefällt. Zur Versöhnung und Besiegelung küssen die drei Frauen Tristan, was den hohen Stand Brangänes verdeutlicht.

Brangänes Gründe für die Verschonung Tristans sind also sehr vielfältig: Ihrer Meinung nach geziemt es sich nicht für eine Frau, einen Mord zu begehen, schon gar nicht an einem Mann, der de facto wehrlos ist. Weiter ist Brangäne um die Ehrerhaltung ihrer Tante besorgt, welche durch die Tötung Tristans, die einen Wortbruch Isoldes darstellen würde, in Gefahr wäre. Gemäß dem Motto man *sol den mantel kêren, als ie die winde sint gewant*[291], rät sie Isolde, Tristans Absichten, die jener vielleicht noch von Vorteil sind, in Erfahrung zu bringen, anstatt Rache zu üben.

Brangäne rettet somit Tristans Leben und beeinflusst dessen Existenz nachhaltig, was auch die Begleitung Tristans bei der Einführung am irischen Hofe zur Schau stellt:

> *si gieng im sitelîche mite,*
> *an lîbe und an gelâze*
> *liutsaelic ûzer mâze,*
> *ir muotes stolz unde vrî.*[292]

Mit diesem Auftritt, der Brangänes Gesamtfunktion innerhalb des Romans, widerspiegelt, leistet sie einen Beitrag zum „großen Heldenauftritt"[293] Tristans und trägt somit die Mitverantwortung für dessen höfische Anerkennung.

---

[288] V. 10496.
[289] V. 10525.
[290] Vgl. Deist, 1982, S. 19.
[291] V. 10426.
[292] V. 11086.
[293] Deist, 1982, S. 19.

6.2.3. Brangänes Verantwortlichkeit für die Liebe zwischen Tristan und Isolde

Als Tristan, Isolde und Brangäne mit dem Schiff aufbrechen, damit Isolde in Cornwall Markes Gemahlin und somit Herrin über England wird, vertraut die alte Isolde Brangäne *ein glasevezzelîn*[294] mit einem Liebestrank an, der Marke und Isolde in der Hochzeitsnacht zu Liebenden machen soll. Damit legt sie das Schicksal ihrer Tochter in die Hände Brangänes und übergibt sie ganz und gar ihrer Obhut:

> *»Brangaene« sprach si »niftel mîn,*
> *lâ dir die rede niht swaere sîn,*
> *du solt mit mîner tohter hin.*
> *dâ nâch sô stelle dînen sin*[295].

Von der Richtigkeit des Vorhabens überzeugt und aus Gehorsam ihrer Herrin gegenüber willigt Brangäne sofort ein:

> *»trût vrouwe« sprach Brangaene dô*
> *»ist iuwer beider wille alsô,*
> *sô sol ich gerne mit ir varn,*
> *ir êre und al ir dinc bewarn,*
> *sô ich iemer beste kann. «*[296]

Während Brangäne bis zu diesem Zeitpunkt der alten Isolde gedient hat, verpflichtet sie sich nun deren Tochter auf Treu und Leben. „Ab jetzt werden in Brangaene die Regungen sich ausformen, die spezifisch auf Isolde hinzielen. Denn bis hierher war Brangaene trotz ihrer Jugend und Schönheit mehr der Königin zugetan als der sehr mädchenhaften Isolde."[297]

An Bord lässt Brangäne jedoch aus Unachtsamkeit den Zaubertrank für kurze Zeit unbeaufsichtigt. Da Tristan und Isolde – nichts ahnend von der Wirkung des Getränks - mit dem Inhalt der Flasche ihren Durst löschen, verlieben sie sich wenig später ineinander. Brangäne wird die Tragweite ihrer Nachlässigkeit sogleich bewusst, was Gottfried in einem verzweifelten Ausruf Brangänes verdeutlicht, der gleichzeitig den schicksalhaften Ausgang der Liebesgeschichte, die Gottfried jedoch nicht mehr vervollständigen konnte, vorausdeutet:

> *ouwê Tristan unde Isôt,*
> *diz tranc ist iuwer beider tôt! «*[298]

---

[294] V. 11434.
[295] V. 11447ff.
[296] V. 11475.
[297] Deist, 1982, S. 27.
[298] V. 11705f.

Brangäne fürchtet, *êre und triuwe*²⁹⁹ mit dieser Tat endgültig verwirkt zu haben und bedauert ihre Existenz, was darauf schließen lässt, dass sie das Wohl ihrer Herrin über ihr eigenes stellt. Ferner lässt die Szene Brangäne als Hauptverantwortliche für die Liebe zwischen Tristan und Isolde, welche so verhängnisvoll und unglücklich verläuft, erscheinen. „Ab diesem Zeitpunkt ist [...] [sie] mit der Minne des Paares als indirekte Verursacherin, aber insbesondere als alleinige Mitwisserin untrennbar verbunden."³⁰⁰

Die von Gottfried so hoch geschätzte, weibliche Nebenfigur handelt jedoch nicht aus Mut- oder gar Böswilligkeit, sondern in einem kurzen Moment der Unachtsamkeit und des Kontrollverlusts, was auch die Gründe für ihre späteren Missgeschicke sind. Als „Urheberin des Unglücks"³⁰¹ möchte sie *laster unde leit*³⁰², welche Tristan und Isolde fortan bewältigen müssen, mittragen helfen:

> *[...] muoz ich daz laster mit iu tragen,*
> *und waere ouch wol gevüege,*
> *daz ich ez eine trüege,*
> *möhtet ir dâ von gesîn.*³⁰³

Brangäne erkennt bald die „Symptome der Minne"³⁰⁴ zwischen Tristan und Isolde und verschafft sich in einem Gespräch Klarheit über deren Gefühle. Die Liebenden bitten Brangäne inständig, ihr die Gelegenheit zu einem Stelldichein zu geben, um die Qualen ihrer Liebe zu mildern:

> *und sicherlîche: sterben wir,*
> *dâst nieman schuldic an wan ir.*³⁰⁵

Deist bemerkt die Veränderungen, welche der Vorfall auf dem Schiff für Brangänes natürliches Wesen hat. Zwar bleibt sie die „kluge und umsichtige Ratgeberin Isoldes", jedoch wandelt sich die „Loyalität, die Brangaenes Verhältnis zur Königin und damit auch zu Isolde kennzeichnete, [...] nach der Trankepisode in eine Widerspruchslosigkeit [und in] eine blinde Folgsamkeit Isolde gegenüber [...]"³⁰⁶. So kommt es, dass Brangäne nur noch „für ihre

---

²⁹⁹ V. 11699.
³⁰⁰ Deist, 1982, S. 27.
³⁰¹ Ebd. S. 28.
³⁰² V. 12471.
³⁰³ V. 12474ff.
³⁰⁴ Hollandt, 1966, S. 44.
³⁰⁵ V. 12115f.
³⁰⁶ Deist, 1982, S. 30.

Fahrlässigkeit büßen"³⁰⁷ möchte, „indem sie sich dem Dienst für die Liebenden rückhaltlos verschreibt"³⁰⁸. Sie verspricht den Liebenden, ihnen zu helfen:

> ê ich iuch lâze sterben,
> ich will iu guote state ê lân,
> swes ir wellet ane gân.³⁰⁹

Gleichzeitig sichert sie ihnen nicht nur äußerste Diskretion zu, sondern appelliert auch eindringlich an ihr Ehrgefühl, womit sie ihrem Gelöbnis, auf Isolde Acht zu geben, treu bleibt.

> lât diz laster under uns drîn
> verswigen unde beliben sîn.
> breitet ir'z iht mêre,
> ez gât an iuwer êre.³¹⁰

6.2.4. Die Zofe als Stellvertretung Isoldes in der Liebesnacht mit Marke

Brangäne, die sich, von einem großen Schuldgefühl getrieben, Isoldes und Tristans Leben verschrieben hat, wird schon bald dazu aufgefordert, diese Ergebenheit unter Beweis zu stellen. Statt Isolde soll sie in Cornwall die erste Liebesnacht mit Marke verbringen, um zu verhindern, dass dieser Isoldes nicht mehr vorhandene Jungfräulichkeit bemerkt.

Unter *maneger nôt*³¹¹, doch mit dem Wissen, dass sie Isolde diesen Gefallen schuldig ist, willigt Brangäne ein. Wie zu einer Hinrichtung wird sie in das Schlafgemach König Markes geführt:

> Tristan vuorte Brangaenen hin
> die marter lîden und die nôt.
> diu liebt diu lasche ir vrouwe Isôt.³¹²

Wiederum deckt Brangäne die Liebesgemeinschaft zwischen Tristan und Isolde und schützt sie durch ihre Stellvertretung vor dem gesellschaftlichen Gesichtsverlust, indem sie das größtvorstellbare Opfer bringt und ihren Körper zur Verfügung stellt. „Die gefährlichste Bedrohung des Minnegeheimnisses [ist somit] beseitigt."³¹³

---

³⁰⁷ Ebd. S. 45.
³⁰⁸ Ebd.
³⁰⁹ V. 12134ff.
³¹⁰ V. 12143.
³¹¹ V. 12459.
³¹² V. 12594f.
³¹³ Hollandt, 1966, S. 46.

6.2.5. Isoldes Mordpläne an Brangäne

Dennoch stellt Brangäne für Isolde eine gefährliche Mitwisserin dar, weswegen sie ihr alsbald als ein zu großes Risiko erscheint.

> *sie sorgete sêre*
> *und vorhte harte starke,*
> *Brangaene ob sî ze Marke*
> *dekeine liebe haete*
> *daz sî im kunt taete*
> *ir laste runde ir maere,*
> *als ez er gangen waere.*[314]

Isolde befiehlt zwei Knappen, Brangäne im Wald zu töten und ihr als Beweis deren Zunge mitzubringen. Um einen kurzen Aufschub bittend erzählt Brangäne die Geschichte von den zwei weißen Hemden, deren Sinn nur Isolde entschlüsseln kann. Am Leben zu bleiben, scheint ihr an dieser Stelle unwichtig, vielmehr möchte sie ihre Herrin von ihrer Unschuld überzeugen. Selbstlos bittet Brangäne Gott um die Vergebung von Isoldes Schuld. „Kein Wort des Vorwurfs oder der Klage über den hinterhältigen Anschlag! Ihre einzige Sorge gilt der Rechtfertigung vor der Königin."[315]

Als Isolde ihre Worte hört, befiehlt sie, das Mädchen, welches die Soldaten aus Mitleid über ihre „überwältigende Wehrlosigkeit"[316] am Leben gelassen haben, sofort zurück zu holen. Ab diesem Zeitpunkt ist das Vertrauensverhältnis zwischen den beiden so tief wie noch nie:

> *[...] sît des was Brangaene unde Isolt*
> *von herzen und von sinne*
> *sô getriuwe und sô geminne,*
> *daz nie niht under in beiden*
> *ir dinges wart gescheiden.*[317]

„Gegenüber Isoldes wankelmütigen Charakter hat Brangaene sich als [...] treu und beständig erwiesen [...]"[318], so Deist. Weiter führt die Autorin dies als Beweis für Brangänes Tendenz zur Schwäche und Selbstaufgabe an, in die sich ihre Loyalität nach der Minnetrankepisode gewandelt hat.

---

[314] V. 12702.
[315] Hollandt, 1966, S. 46.
[316] Deist, 1982, S. 31.
[317] V. 12942ff.
[318] Deist, 1982, S. 32.

6.2.6. Brangänes Vergesslichkeit in der Marjodo-Episode

Die Entdeckung der Liebenden durch Marjodo und die anschließend von ihm in die Wege geleiteten und von Marke durchgeführten Intrigen machen es notwendig, dass Brangäne nicht nur die nächtlichen Treffen arrangiert, sondern Isolde auch direkte Handlungsempfehlungen gibt. So soll verhindert werden, dass Isolde sich aus Naivität verrät.

Dennoch ist Brangäne selbst der Grund, warum Marjodo die Verliebten in flagranti erwischt und dies dem König preisgibt: Bei der Organisation des Stelldicheins unterläuft der Zofe ein folgenreicher Fehler: Sie stellt zwar ein Schachbrett vor Tristans und Isoldes Lichtquelle, vergisst aber, die Kammertür zu schließen:

> *nu er in die kemenâten kam,*
> *Brangaene ein schâhzabel nam.*
> *vür daz lieht leinde si daz.*
> *nune weiz ich, wie si des vergaz,*
> *daz sî die tür offen lie*
> *und si wider slâfen gie.* [319]

Marjodo, der wie üblich in Tristans Nähe schläft, wird von einem Traum geweckt, den er Markes Neffen sogleich erzählen möchte. Nach einer kurzen Suche findet er diesen im Liebesspiel mit Isolde.

Brangäne bringt also das Geheimnis ihrer Herrin zum wiederholten Male aus purer Vergesslichkeit in Gefahr. Aus diesem Grunde hilft sie Isolde nun, die Intrigen aufzudecken, die Marke, der von Marjodo informiert wurde, ihr gegenüber spinnt, um ihr Verhältnis mit Tristan zu entlarven. Isolde benötigt die Logik und den kühlen Verstand Brangänes, da sie sich sonst schnell verraten würde.

6.2.7. Brangäne: Urheberin der Gegenlisten

Als Marke Isolde die Frage stellt, in wessen Obhut sie in seiner Abwesenheit bleiben möchte, schlägt sie freudig dessen Neffen Tristan vor. Brangäne ist von dieser Aussage bestürzt, da sie Markes Falle sofort wittert:

> *»â tumbe!« sprach Brangaene dô*
> *»war umbe sprâchet ir alsô?*
> *swaz sô hier an geredet ist,*
> *daz hoere ich wol, daz ist ein list,*

---

[319] V. 13505ff.

> und weiz vür wâr, daz disen rât
> der truhsaeze ûf geleget hat.[320]

Die Anrede Isoldes mit »â tumbe!« scheint sehr ungewöhnlich für das Verhalten einer Zofe, doch verdeutlicht es auch das große persönliche Engagement Brangänes, ihre ebenbürtige Herkunft und ihre große Angst vor einer möglichen Aufdeckung des heimlichen Liebespaares.

Brangäne mahnt Isolde zur Vorsicht und zeigt ihr die passenden Antworten für die nächste Unterredung mit Marke: *sprechet sus unde sô*.[321] Nachdem Isolde Tristan in einer Gegenlist schließlich als *der selbe lôsaere*[322] bezeichnet, kann sie Markes Argwohn letzlich ausmerzen. Dies hält jedoch nicht lange an: Marke möchte Tristan vom Hofe wegschicken. Isolde begründet die Ablehnung dieses Vorhabens mit einem möglichen Ehrverlust und schürt so das Misstrauen des Königs. Brangäne bedauert die unvorsichtigen Worte Isoldes zutiefst und rät ihr erneut, Marke mit der richtigen Taktik zu besänftigen:

> sus die s'ir hêrren lôsende an,
> biz daz si'm aber an gewan,
> daz er den zwîvel aber lie
> und aber von dem wâne gie [...][323]

Auch wenn Brangäne Isolde, „die den gefährlichen Gegebenheiten, in denen sie sich befindet, nicht gewachsen ist"[324], stets aus Markes Fallen rettet und ihr zur Besänftigung des Königs die richtigen Worte in den Mund legt, schöpft Marke letztendlich erst durch die Unachtsamkeit der Zofe Verdacht.

Genau wie Brangäne für die gegenseitige Liebe zwischen Tristan und Isolde verantwortlich gemacht werden kann, bedroht sie das Paar durch ihre Fahrlässigkeit. Dennoch kann sie Markes Listen erfolgreich mit Gegenlisten abwehren. Dabei hält sie die Fäden in der Hand, während Isolde lediglich den ausführenden Part übernimmt. Brangäne ist im Intrigennetz des Königs also nicht nur Isoldes Komplizin, sondern übernimmt Planung und Organisation der Vertuschungsversuche und der Gegenwehr ihrer Herrin und gibt ihr „Vorschläge für die geschickte Gesprächsführung"[325]:

---

[320] V. 13735ff.
[321] V. 13745.
[322] V. 13952.
[323] V. 14221.
[324] Deist, 1985, S. 37.
[325] Braunagel, 2001, S. 143.

dâ half Brangaene sêre.
dâ vrumete in beiden samet, daz list
wider list gesetzet ist.

6.2.8. Brangänes Idee für ein heimliches Treffen

Auch als es Tristan und Isolde immer schlechter geht, weil sie die Verdächtigungen am Hofe belasten und sie sich nicht sehen können, da Marke Melot als Späher einsetzt, ist es Brangäne, die eine Lösung findet: Sie rät Tristan einen Ölbaumzweig mit den Initialen T und I in den Bach zu werfen, um Isolde das Zeichen für ein baldiges Treffen *dâ der öleboum schate*[326] zu geben. Der Span würde dann bis zu Isoldes Kammertür getrieben werden, wo diese und Brangäne stets ihre Herzensqualen beweinen:

dâ gân wir z'allen zîten vür
ich und diu vröudelôse Isôt
und weinen unser herzenôt[327]

Auffällig ist hier das große Mitleid, das Brangäne für ihre Herrin verspürt, aber auch die enorme Verzweiflung über ihre eigene Verfehlung, die dem Liebespaar ein so hartes Los beschert hat. So spricht sie nicht von Isoldes *herzenôt*, sondern von *unser herzenôt*[328] und trägt damit einen Teil Isoldes Trauer mit, wie sie es nach dem Unfall mit dem Minnetrank versprochen hat. Trotzdem behält sie einen klaren Kopf und schmiedet Pläne, um die Schwere der Not des Liebespaares, die sich selbst nicht helfen können, zu lindern. Gegenüber Tristan betont sie noch einmal ihre treue Ergebenheit:

hêrre, diu selbe kurze vrist,
die ich noch ze lebene hân
diu sol mit iu zwein hine gân,
daz ich iu beiden gelebe
und iu ze lebene rât gegeben.[329]

Deist weist an dieser Stelle auf die Tatsache hin, dass Brangäne sich mit ihrem Einfall mit den Ölzweigen lediglich an Tristan wendet und nicht etwa an Isolde, mit der sie stets ihre Herzensnot beweint:

> Isolde ist aus dem Gespräch auch zu diesem fortgeschrittenen Zeitpunkt ganz ausgeschlossen. [...] Es war Brangaene überhaupt nicht in den Sinn gekommen, als sie die sich verschlechternde Verfassung der Liebenden sah, sich zunächst mit Isolde oder zumindest mit ihr und mit Tristan zu besprechen.[330]

---

[326] V. 14444.
[327] V. 14438.
[328] V. 14444.
[329] V. 14450ff.

Auch Braunagel bemerkt ab der Holzspanepisode eine Veränderung in der Figurenkonstellation. So ist Brangäne bisher die ‚Dritte im Bunde' im Verheimlichen der Liebesbeziehung des Paares und ist so neben dem Handlungstrio Tristan – Isolde – Marke die einzige Figur mit erheblichem Handlungspotential. In der Folge fokussiert Gottfried vor allem Isolde als Haupthandlungstragende.[331] Trotzdem ist es Brangäne, die zuerst den von Tristan entsandten Holzspan im Bach treiben sieht:

> *viel schiere wart Brangaene*
> *der boten unde der spaena*
> *in der vlieze gewar.*
> *ir vrouwen wincte si dar.*[332]

Ohne ihre Aufmerksamkeit wäre ein Treffen zwischen den Liebenden nicht möglich geworden, da Isolde das Zeichen schlicht übersehen hätte.

Auch ist es die Zofe, die Melots Falle mit dem ausgestreuten Mehl erkennt und Tristan, nicht etwa aber Isolde, rechtzeitig warnt:

> *nu wart ouch Brangaene al zehant*
> *der lâge bî dem mel gewar.*
> *si gleich ze Tristande dar,*
> *si warnete in und kêrte wider*
> *und leite sich dô wider nider.*[333]

Dann aber wechselt sie ihre Rolle: „Sie ist künftig nicht mehr Ratgeberin, sondern führt nur noch Anweisungen der Liebenden aus, die sich nunmehr gegen eine eindeutige Anklage zu verteidigen haben"[334], so Hollandt.

6.2.9. Ihre Aufgabe als Schlichterin während der Verbannung

Dennoch können Tristan und Isolde ihre Liebe nicht länger verheimlichen und werden von Marke in die Verbannung geschickt. Brangäne, die Gottfried an dieser Stelle sogar als *ir gesellin*[335] bezeichnet, soll am Hofe zurückbleiben:

> *Brangaenen ir gesellin*
> *die hiezen sî gesunde sîn*
> *und bâten sî, daz sî belibe*
> *und dâ ze hove die zît vertrîbe,*

---

[330] Deist, 1982, S. 41.
[331] Vgl. Braunagel, 2001, S. 143.
[332] V. 14669.
[333] V. 15154ff.
[334] Hollandt, 1966, S. 49.
[335] V. Vers 16631.

> *biz s'aber von in vernaeme,*
> *wie in zwein ir dinc kaeme.* [336]

Brangaene folgt diesem Wunsch mit großem *jâmer und mit triure*[337]. Ihr Abschiedsschmerz geht so weit, dass ihr Überleben laut Gottfried einem Wunder gleichkommt. Doch ihr Verweilen soll einen Zweck erfüllen:

> *daz sî di suone von in zwein*
> *wider Marken aber trüege ein.*[338]

Während Tristans und Isoldes Abwesenheit soll Brangäne die Versöhnung der beiden mit Marke in die Wege leiten. Damit tritt die Zofe erneut als Versöhner- und Schlichterfigur auf: Zunächst leistet sie einen großen Beitrag zur Aussöhnung Tristans mit der rachbegierigen Isolde, jetzt soll sie den Frieden am Marke-Hof wiederherstellen helfen und „die Angelegenheiten der Vertriebenen wahr[…]nehmen"[339].

6.2.10. Brangänes Verantwortung bei der Entdeckung der Liebenden

Ihren letzten Auftritt hat Brangäne nach der Wiederkehr der Liebenden. Isolde bereitet, von blinder Liebessehnsucht getrieben, ein Bett im Garten und lässt Tristan zu sich kommen. Mit *angestlîcher swaere*[340] befiehlt Brangäne, die Türen schließen zu lassen. Die Zofe ahnt bereits den unglücklichen Ausgang des Treffens:

> *und als Brangaene nider gesaz,*
> *nû bedâhte si daz*
> *und betrûrete ez in ir muote,*
> *daz vorhte noch huote*
> *an ir vrouwen niht vervie.* [341]

In sorgenvollen Gedanken vertieft, übersieht Brangäne den hereinkommenden Marke, der sich *vil harte unmüezeclîche*[342] nach der Königin erkundigt. Als die übrigen Hofdamen dem König antworten, dass seine Königin schläft und ihn zu ihr weisen, ist Brangäne vor Schreck unfähig zu jeder Reaktion:

> *diu arme erschrac unde gesweic,*
> *ir houbet ûf ir ahsel seic,*

---

[336] V. 16631ff.
[337] V. 16663.
[338] V. 16678f.
[339] Hollandt, 1966, S. 50.
[340] V. 18167.
[341] V. 18173.
[342] V. 18183.

hende unde herze enpfielen ir.[343]

Mit dem Versagen von *hende und herze*[344] wird ausgedrückt, dass Brangäne sowohl handlungsunfähig ist, als das herannahende Leid der Liebenden auch psychisch nicht mehr ertragen kann. Sie ist an „Körper und Geist zerfallen"[345] und gibt „jeden Versuch auf, die Katastrophe noch einmal aufzuhalten."[346]

Marke entdeckt sogleich die Liebenden. Als Tristan dies bewusst wird, macht er die sonst so *getriuwe Brangaene*[347] dafür verantwortlich:

»â« sprach er, »waz habt ir getân,
getriuwe Brangaene!
weiz got Brangaene, ich waene,
diz slâfen gât uns an den lîp.[348]

Wiederum ist es Brangaenes Unachtsamkeit, die dem Paar zum Verhängnis wird. Aufgrund der Größe des Normverstoßes, den Tristan und Isolde begehen, ist es jedoch verständlich, dass Brangäne allein nicht fähig ist, diesen zu decken. Zumal sie bis an ihre Grenzen geht, um die Sicherheit des Liebespaars, dem sie sich so treu ergeben hat, zu gewährleisten.

6.2.11. Die Figur der Brangäne in den Fortsetzungen bei Ulrich und Heinrich

Da Gottfried aufgrund seines Todes den Tristanroman nicht mehr vollenden kann, bleibt zu untersuchen, welche Rolle Brangäne in den Fortsetzungen bei Ulrich von Türheim und Heinrich von Freiberg einnimmt, die das Geschehen in Arundel weiter berichten. An geeigneter Stelle werden auch die Fortführungen der blonden Isolde und Isolde Weißhands genauer beleuchtet werden.

Dass Brangäne ganz und gar ihr Leben Tristan und Isolde verschrieben hat, wird vor allem in Ulrichs von Türheim Tristan-Fortsetzung deutlich, in der die Zofe aus Gram über das Los ihrer Herrin stirbt. Dies verdeutlicht, wie sehr sich Brangäne die Schuld für das Unheil gibt, das sie mit ihrer Unachtsamkeit über die Verliebten gebracht hat.

---

[343] V. 18186ff.
[344] V. 18188.
[345] Deist, 1982, S. 43.
[346] Ebd.
[347] V. 18348.
[348] V. 18250.

Bei Heinrich von Freiberg dagegen agiert Brangäne immer noch als Isoldes Vertraute und Helferin, die ihrer Herrin heimliche Treffen mit Tristan ermöglicht.[349]

6.2.12. Fazit zu Brangänes Funktion im epischen Gefüge

Obwohl Brangäne die sonst eher untergeordnete Rolle der Zofe einnimmt, hat sie dennoch einen gewaltigen Handlungsspielraum inne, der sie zu einer den epischen Verlauf erheblich beeinflussenden Nebenfigur macht.

Mit der Identifikation des wahren Drachentöters bewahrt sie Isolde nicht nur vor einer ungewollten Verheiratung, sondern verhilft auch Tristan zu seiner rechtmäßigen Anerkennung. Wenig später setzt sie sogar dessen Verschonung durch, wobei sie zum einen als Hüterin Isoldes Ehre tätig wird, zum anderen auch an den pragmatischen Nutzen von Tristans Weiterleben erinnert. „Damit hat sie also entscheidenden Anteil am Zustandekommen einer Aussöhnung der königlichen Familie mit Tristan, die Voraussetzung für alles künftige Geschehen ist [...]"[350]. Die umsichtige und vernünftige Brangäne, die sowohl der Königin als auch ihrer Tochter als Ratgeberin und Vertraute zur Seite steht, stellt also einen Gegenpol zu Isoldes kindlich-naiver Art dar.

Dies erkennt auch die Königin, die Brangäne schließlich mit der Obhut ihrer Tochter Isolde betraut. Indem sie ihr den Minnetrank überreicht und ihr genaue Instruktionen zu dessen Verwendung mit auf die Schiffahrt nach Cornwall gibt, vertraut sie ihr nicht nur Leib und Leben Isoldes an, sondern übergibt der Zofe auch die Macht über deren weiteren Lebensverlauf.

Durch ihre Unachtsamkeit kann Brangäne diesen Auftrag jedoch nicht ausführen und wird zur indirekten Verursacherin der Liebe zwischen Isolde und Tristan. Da sie ihre Schuld erkennt, verschreibt sie sich deren Leben und Glück, ändert aber auch ihre Handlungsrolle: Von der umsichtigen und klugen Ratgeberin entwickelt sich Brangäne zur ergebenen und selbstlosen Dienerin der Liebenden, die nicht nur Isoldes Stellung in der Hochzeitsnacht einnimmt, sondern auch zahlreiche Treffen zwischen Tristan und Isolde plant und arrangiert und so den Liebenden ihre „verborgene Minne"[351] ermöglicht.

---

[349] Vgl. Gottfried von Straßburg: Tristan. Band 2. 2007^9. S. 567ff.
[350] Hollandt, 1966, S. 43.
[351] Ebd. S. 50.

Selbst ihre versuchte Ermordung wirft sie ihrer Herrin nicht vor, sondern fürchtet allein um deren Ansehen und Schuldigwerdung. Nach diesem Ereignis wird Brangäne zur engsten vertrauten Isoldes, sie gibt die Regieanweisungen für deren Gegenlisten, erkennt Fallen und steuert das Verhalten und Auftreten ihrer Herrin am Hof mit größtem Bedacht. Als Isolde vor Sehnsucht nach Tristan verzweifelt, steht Brangäne ihr bei und teilt ihr Leid. Auch während der Verbannung der Liebenden bleibt sie am Hof und leitet die Versöhnung mit Marke ein. „Curvenal wird ihr als Helfer beigegeben. Beide haben den Auftrag, als ‚Agenten' für die Interessen der Verbannten tätig zu sein"[352].

Trotzdem kann sie Markes Entdeckung der Liebenden nicht verhindern. Ihr körperlicher und psychischer Zerfall ist zu weit fortgeschritten, was sie zum wiederholten Male zur Verantwortlichen für das weitere Schicksal der Liebenden macht.

Dennoch bezeichnet Hollandt sie als „Gestalt von besonderer Einheitlichkeit des Wesens" mit einem „wachen Sinn für die Wirklichkeit der jeweiligen Situation"[353]. Von Anfang an dient ihr Wirken dem Wohlergehen ihrer Herrin. Deswegen und weil bei ihren Fehlern „lediglich die Wachsamkeit versagt"[354] ist sie frei von jeglicher moralischer Schuld. Auch kann ihr kein Vorwurf daraus gemacht werden, dass sie König Marke betrügen hilft, da sie lediglich gegenüber Isolde eine Treuebindung eingegangen ist.[355]

6.3. Brangänes Wirken vor dem Erwartungshorizont des Mittelalters

Um feststellen zu können, ob Brangäne dem von ihr erwarteten mittelalterlichen Frauenbild entspricht, oder ob sie Charakterzüge in sich trägt, die eine Abweichung von diesem darstellen, ist es nötig, ihre Stellung als Zofe Isoldes einzubeziehen und die Bewertung auf dieser Grundlage durchzuführen.

Als *höfschiu niftel*[356] erfüllt Brangäne die erste grundlegende Voraussetzung einer Zofe: Sie ist jung und stammt als Nichte der älteren Isolde aus adeligem Hause, was ihr gleichzeitig eine gute Erziehung garantiert, ein weiterer notwendiger Faktor, um als Zofe tätig werden zu

---

[352] Hollandt S. 50.
[353] Ebd.
[354] Ebd. S. 51.
[355] Vgl. Ebd.
[356] V. 9419.

können. Brangäne gilt außerdem als *stolze* und *wîse*[357] Frau mit einem hohen Maß an Bildung und Benehmen. Mit ihrer ausgesprochenen Schönheit eignet sie sich perfekt für das Amt der königlichen Confidente, doch auch ihr Wesen, das Gottfried äußerst angenehm darstellt, trägt dazu bei. Die *lîse*[358] Brangäne erzeugt ferner den Eindruck einer verschwiegenen und diskreten Vertrauensperson. Für eine Königin ist dies bei der Auswahl einer Zofe ein wesentliches Kriterium. Dass Gottfried sie als *lachende*[359] Edeldame beschreibt, zeugt außerdem von Brangänes Unterhaltungstalent am Hof und ihrem charmanten Witz, was wiederum essentielle Prädikate einer mittelalterlichen Zofe sind.

Auch die Eigenschaften der Treue und Ergebenheit erfüllt Brangäne in höchstem Maße, ist sie doch zunächst der älteren Isolde verpflichtet, als auch später auf Wunsch ihrer Herrin der blonden Isolde, der sie mit Rat und Tat zur Seite steht. Brangänes Mitschuld an der unheilvollen Liebe zwischen Tristan und Isolde verstärkt zusätzlich ihre Loyalität zu dem Paar.

Mittelalterliche Zofen sind außerdem bekannt für ihre oftmalige Funktion als Vermittlerin und Überbringerin. Dem wird Brangäne gleich doppelt gerecht: Als Helferin vermittelt sie nicht nur zwischen dem Liebespaar, indem sie heimliche Treffen arrangiert, sondern auch beim Versuch der Versöhnung mit dem eifersüchtigen Marke während der Zeit ihrer Verbannung. Auch als Isolde Tristan noch nicht wohl gesonnen ist und sie den Tod ihres Onkels rächen will, steht Brangäne als Vermittlungsinstanz zwischen den Streitenden.

Dennoch gibt es eine Reihe von Wesenszügen innerhalb der Figur der Brangäne, die untypisch für eine Zofe im Mittelalter sind. Für eine solche erfordert es vor allem Zurückhaltung, welche zwar bei Brangäne in Ansätzen vorhanden ist, die dennoch nicht zu ihren auffälligsten Charaktermerkmalen gehört. Betrachtet man die Fülle der die Handlung steuernden Elemente, die durch die Figur der Brangäne bewirkt werden, bietet es sich eher an, von Aktivismus und Tatenkraft zu sprechen, als von Zurückhaltung. Dies liegt natürlich auch daran, dass Brangäne, die sich über ihre Schuld im Klaren ist, versucht, Schlimmeres zu verhindern und dem unglückseligen Paar so gut wie möglich helfen will.

Auch ist es im Mittelalter Gang und Gäbe, dass die höfische Herrin die Zofe in die geltenden Umgangsformen einweist und sie vor Unüberlegtheiten und Regelbrüchen bewahrt. Bei Brangäne und Isolde kehrt sich dieses Verhältnis um. So ist es Brangäne, die um die Ehre

---

[357] V. 10359.
[358] V.10360.
[359] V. 10360.

ihrer Herrin bedacht ist, als diese auf Rache sinnt und Tristan mit dem Schwert zu erschlagen beabsichtigt. Auch kann man von einer „moralischen Erziehung Isoldes" sprechen, wenn Brangäne ihr trotz ihres versuchten Mordanschlages bis zuletzt treu bleibt und ihr ihre Ehrlichkeit zusichert, woraufhin Isolde ihren gravierenden Fehler einsieht.

Es lässt sich folglich konstatieren, dass Brangäne zwar in weiten Teilen dem typischen Bild einer mittelalterlichen Zofe entspricht, Gottfried aber oftmals die höfische Position Brangänes neu akzentuiert. Besonders die Stellen, an denen Brangäne von ihrem Rollenbild abweicht, werfen ein groteskes Bild auf die vor Liebe unfähig gewordene Isolde, die nicht mehr in der Lage ist, eigenständig und rational ihr Verhalten zu steuern und objektiv zu reflektieren.

7. Die ältere Isolde

Eine weitere, die Handlung stark beeinflussende weibliche Nebenfigur ist Isolde die Ältere, die Königin von Irland und Mutter der jungen Isolde. Schon ihre Charakterisierung auf der Textebene lässt auf eine besondere Stellung dieser Figur im Roman schließen.

7.1. Die Charakterisierung der älteren Isolde auf der Ebene des Textes

Isoldes Mutter wird zunächst indirekt durch die von Gurmun berichtende Erzählerfigur eingeführt. Laut Erzähler hätte Gurmun, der König von Irland, durch die Vermählung mit Morolds Schwester Isolde erheblich an Macht und Ansehen hinzugewonnen:[360]

> *ouch half Gurmûnen sêre*
> *und gab im craft und êre,*
> *daz er Môroldes swester nam.*
> *von dem sô wart er vorhtsam.*[361]

Bereits hier wird der Leser bzw. Hörer mit Isoldes ausgeprägtem Einflussreichtum, ihrer gesellschaftlichen Anerkennung und mit ihrer Verwandtschaft mit dem gefürchteten Morold vertraut gemacht.

Nach dem Kampf mit Tristan beschreibt Morold die herausragenden Eigenschaften seiner Schwester. Demzufolge ist lediglich Isolde befähigt, die schweren Wunden, die sich Tristan im Gefecht zugezogen hat, zu heilen. Schon jetzt wird ersichtlich, wie maßgeblich Isolde für Tristans Genesung und Leben ist:

> *[...] Îsôt,*
> *diu künegîn von Îrlande.*
> *diu erkennet maneger hande*
> *wurze und aller crûte craft*
> *und arzâtlîche meisterschaft.*[362]

Die bemerkenswerten Kenntnisse Isoldes im medizinischen Bereich und ihre außerordentlichen Fähigkeiten in der Zauberkunst sollen Tristans Leben retten. Morold betont, dass Isolde,

---

[360] Vgl. Schulze-Belli/Dallapiazza, 1990, S. 67.
[361] V. 5931ff.
[362] V. 6946.

die er in feierlicher Manier als Königin Irlands bezeichnet, Tristans einzige Chance ist, dem Tod zu entkommen und er so in eine „fatale Abhängigkeit"[363] geraten ist:

> *diun ner dich, dû bist ungenesen.*[364]

Obwohl die Königin selbst noch nicht in Erscheinung getreten ist, hat sich laut Schulze-Belli vor dem geistigen Auge des Lesers bereits ein Bild dieser Figur konkretisiert: Das,

> *einer hochgestellten Dame, die ihre Position dem Faktum zu verdanken scheint, Schwester von Morold zu sein, die über ein beträchtliches, ja einzigartiges und nahezu beängstigendes Machtpotential verfügt und deren Dasein unterstützenden und heilenden Funktionen aufgeht.*[365]

Als Isolde schließlich zum ersten Mal auftritt, erscheint sie als leidende, den nun toten Morold beklagende und sich selbst marternde Frau mit großer *herzeswaere*[366], die ihre medizinischen Kenntnisse jedoch auch in höchster Not nicht ungeachtet lässt: *Isolde, diu sinnerîche, diu wîse küniginne*[367], die von Kindesbeinen an mit *maneger guoten lêre* und mit *manegem vremedem liste*[368] unterrichtet wurde, findet Tristans Schwertsplitter in Morolds Wunde und verwahrt geistesgegenwärtig den späteren Beweis gegen Tristan. Doch nicht nur ihre Weisheit und Bedachtheit, sondern auch ihre Schönheit rühmt der Dichter an mehreren Stellen, um sie so zu einem Musterbild höfischer Vollkommenheit, das nach Gottfried sowohl *schoene* als auch *wisheit*[369] umfasst, emporzuheben:

> *wie schoene und wie vollekomen*
> *Isôt sîn swester waere.*[370]
> *diu wîse Isôt, diu schoene Isôt,*
> *diu liuhtet alse der morgenrôt*[371]

Die Bezeichnung Isoldes als *morgenrôt*[372] mit der parallelen Gleichsetzung der jungen Isolde als Sonne tritt auch im weiteren Verlauf des Romans noch einige Male auf[373]. Mit diesem Bild stellt Gottfried laut Hollandt[374] nicht nur die Generationenfolge der beiden Isolden dar, sondern auch deren Ähnlichkeit hinsichtlich ihrer Schönheit, ihrer Zuneigungen und Abneigungen, ihrem intellektuellem Vermögen und ihrer Handlungsweise. Die Tochter handelt

---

[363] Hollandt, 1966, S. 32.
[364] V. 6953.
[365] Schulze-Belli/Dallapiazza, 1990, S. 68.
[366] V. 7175.
[367] V. 7184f.
[368] V. 7712.
[369] V. 9721.
[370] V. 7286f.
[371] V. 7295f.
[372] V. 7298.
[373] Vgl. 8280f, 9456 ff., 10886 f., u.A.
[374] Vgl. Hollandt, 1966, S. 39.

zwar anders als die Mutter, doch sie „handelt kraft der gleichen Eigenschaften"[375], so die Autorin.

Isoldes *arzâtlîche meisterschaft*[376], ihr Wissen auf dem Gebiet der *erzenîe*[377] und ihre hellseherischen Fähigkeiten beeinflussen die Ereignisse um Tristan und der jungen Isolde maßgeblich, was die irische Königin zu einer bedeutenden Funktionsträgerin im epischen Geschehen macht.

7.2. Die Funktion der älteren Isolde im epischen Gefüge

Betrachtet man die Gesamtlänge des Tristanromans, so ist die Mitwirkung der älteren Isolde an der Handlung auf relativ wenige Szenen begrenzt. Ihr Auftreten beschränkt sich auf den mittleren Teil des Werkes und wird durch Tristans und Isoldes Abreise aus Wexford und der von da an existenten räumlichen Distanz zwischen Mutter und Tochter vom weiteren Romanverlauf klar abgetrennt. Trotzdem kann der Leser in den wenigen Auftritten stets eine spezielle Funktion der Königin identifizieren und eine Beeinflussung des weiteren Handlungsverlaufs konstatieren.

7.2.1. Die irische Königin als Erzieherin und Mutter

Die offensichtlichste Funktion der irischen Königin ergibt sich aus der Mutter-Tochter-Beziehung zwischen ihr und der jungen Isolde und besteht in der Erziehung des Mädchens und somit deren Sozialisierung und Befähigung zu gesellschaftsfähigem Handeln. So beauftragt die ältere Isolde zunächst ihren eigenen *meister unde gesinde*[378] und später Tristan selbst, der sich als Spielmann Tantris in ihrer Pflege befindet, ihre Tochter in *buoch und seitspil*[379] zu unterrichten. Der Königin ist die höfische Bildung Isoldes so wichtig, dass sie Tristan als Gegenleistung seinen *lîp [...] wol gesunt* und *wol getân*[380] garantiert. Dabei richtet sie ihr Hauptaugenmerk neben einer umfassenden Ausbildung vor allem auf die Erlangung

---

[375] Hollandt, 1966, S. 40.
[376] V. 6950.
[377] V. 7073.
[378] V. 7709.
[379] V. 7727.
[380] V. 7856.

*schoener site*³⁸¹ und *morâliteit*³⁸², womit sie für Isolde die Möglichkeit eines Lebens in Einklang mit der Gesellschaft sieht:

> *morâliteit daz süeze lesen*
> *deist saelic unde reine.*
> *ir lêre hât gemeine*
> *mit der werlde und mit gote.*³⁸³

Hier entspricht die irische Königin Miklautschs Annahme eines hohen Stellenwerts der Erziehung der *maget* zur höfischen *vrouwe* für die adelige Gesellschaft: Die gebildete, sittlich gefestigte Frau ist immerhin ein wesentlicher Bestandteil des höfischen Wertesystems"³⁸⁴. Außerdem ermöglicht sie die erste Annäherung zwischen Tristan und Isolde und gibt so den Ausschlag zur späteren Liebesbeziehung.

7.2.2. Die ältere Isolde als Katalysator der Handlung

Nicht nur im Bereich der Erziehung steht Isolde unter dem Einfluss ihrer Mutter. Sämtliche Handlungen, die das Mädchen setzt, werden durch die Königin eingeleitet.³⁸⁵

So ist es Isolde die Ältere, die den Splitter aus Morolds Wunde zieht und damit den späteren Beweis für Tristans Schuld sichert, indem sie diesen *in einen schrîn*³⁸⁶ legt. Als die Tochter gleichen Namens später das fehlende Bruchstück in dessen Schwert setzt, entdeckt sie den wahren Mörder ihres Onkels.

Auch ist es der irischen Königin möglich, ein Traumorakel zu beschwören und so zur Erkenntnis zu gelangen, dass nicht der Truchsess der Bezwinger des Drachens ist, sondern dass ein anderer Ritter das Tier getötet hat. Sie ordnet sogleich die Suche nach dem wahren Drachenmörder an, um Isolde vor einer Zwangsheirat zu bewahren:

> *wol ûf, wir suln vil balde dar,*
> *der maere selbe nemen war!*³⁸⁷

Dem Aktivismus der Königin ist es an dieser Stelle zu verdanken, dass Isolde sich nicht ergeben in ihr Schicksal fügt und den Truchsessen zum Mann nimmt. Sie selbst beeinflusst

---
[381] V. 8043.
[382] V. 8004.
[383] V. 8008ff.
[384] Miklautsch, 1994, S. 89.
[385] Vgl. Ebd. S. 91.
[386] V. 7193.
[387] V. 9316.

mit ihrem Befehl das Geschehen in bedeutender Weise, ja sorgt mit ihrer Suchaktion sogar für Tristans Lebensrettung:

> *wir müezen varn wir viere,*
> *ich und mîn tohter, dû und er.*[388]

Eine weitere Maßnahme, die die weitere Handlung anregt, ist das Brauen des Zaubertranks. Zwar hat Isolde den *tranc von minnen*[389] ursprünglich für einen anderen Zweck erdacht, jedoch gelangt er durch ein Versehen an Tristan und Isolde, bewirkt deren unsterbliche Liebe und sorgt für die Unausweichlichkeit ihres Schicksals, was damit in letzter Instanz der Königin von Irland angelastet werden kann.

7.2.3. Isoldes Mutter als Heilerin und Lebensretterin

Isoldes Nähe zur Magie und ihr Wissen über die kurativen Künste werden jedoch nicht nur in der Mischung des Zaubertranks offensichtlich, sondern auch in ihren heilenden Fähigkeiten, die sie im epischen Verlauf einige Male unter Beweis stellt. In Bezug auf Tristan bezieht sich diese Gabe nicht nur auf die Veranlassung seiner körperlichen Genesung, sondern auch auf dessen Lebensrettung. Die lebenserhaltende Funktion der Königin kann im Roman an vier Stellen nachgewiesen werden:

Nachdem Tristan im Kampf gegen Morold lebensgefährliche Verletzungen davongetragen hat, bittet er die Königin, über deren Heilkräfte er vom Gegner selbst in Kenntnis gesetzt wurde, um Hilfe. *Diu wîse*[390], die zu diesem Zeitpunkt noch nichts von Tantris' wahrer Identität weiß, erfüllt ihm dieses Anliegen und stellt seine Genesung in Aussicht:

> *»Tantris, nu wis an mir gewis,*
> *daz ich dich binamen neren sol.*
> *wis gemuot, und gehabe dich wol!*
> *ich will dîn arzât selbe sîn. «*[391]

Isoldes Versprechen bewahrheitet sich, denn schon bald ist Tristans Gesundheit wieder hergestellt:

> *si half im inner zweinzec tagen,*
> *daz man in allenthalben leit*
> *und nieman durch die wunden meit,*

---
[388] V. 9320.
[389] V. 11435.
[390] V. 7785.
[391] V. 7788.

> *der anders bî im wollte sîn.* [392]

Es bleibt nicht bei dieser einen Lebensrettung, denn schließlich ist es die ältere Isolde, die Tristan aus dem Sumpf bzw. von der Drachenzunge befreit, welche ihm sonst das Leben gekostet hätte:

> *der rouch, der von der an in sluoc,*
> *der eine entworhte in garwe*
> *an crefte und an der varwe,*
> *daz er von dannen niht enkam,*
> *unz in diu künigîn dâ nam.* [393]

Der Prozess des anschließenden Gesundpflegens kann als dritte Lebensrettung gesehen werden, da Tristan ohne die Hilfe der fürsorglichen Königin womöglich nicht aus eigener Kraft genesen wäre:

> *dâ schuofen s'ime helfe unde gemach.* [394]

In dieser Szene gibt ihm die ältere Isolde ihre Zusicherung zu lebenslangem Schutz. Sie schwört, ihm jeden Wunsch zu erfüllen und verspricht ihm *»vride unde genâde«*[395], was schließlich zu Tristans vierter Lebensrettung führt: Als die junge Isolde in Tristan den Mörder ihres Onkels erkennt, will sie Rache üben, wird jedoch von ihrer Mutter zurückgehalten:

> *»lâ stân, Îsôt« sprach sî »lâ stân!*
> *weist iht, waz ich vertriuwet hân?«* [396]

Hier handelt Isolde jedoch nicht nur aus reiner Ehrgewissheit, sondern nach der „Wahl des kleineren Übels" und „eingedenk weiblicher Art und weiblicher Sitte"[397]. Die Königin berechnet den „Nutzen, den die Schonung des Feindes ihr bringen muß"[398], so Hollandt. Dies verdeutlicht trotz aller Ähnlichkeit zwischen Mutter und Tochter den kleinen Unterschied der Bedachtheit bei der älteren und der Emotionalität bei der jüngeren Isolde. Letztendlich ist die Königin in all diesen Szenen die „bestimmende Instanz"[399].

---

[392] V. 7958.
[393] V. 9088ff.
[394] V. 9501.
[395] V. 9545.
[396] V. 10199f.
[397] Schulze-Belli/Dallapiazza, 1990, S. 69.
[398] Hollandt, 1966, S. 34.
[399] Miklautsch, 1994, S. 95.

7.2.4. Die Mutter als bedeutende Hilfe bei der Partnerwahl

Bezüglich der Mitbestimmung über das eheliche Schicksal ihrer Tochter ist die Königin mit jener jedoch wieder der gleichen Ansicht, was von dem „innig(en) und außerordentlich gute(n) Verhältnis zwischen Mutter und Tochter"[400] zeugt. Als Isolde ihrer Mutter vom unrechtmäßigen Anspruch erzählt, den der Truchsess erhebt, sichert ihr die Königin sofort ihre Hilfe bei der Verhinderung der Verheiratung zu:

> wir suln ez doch wol undervarn.[401]
>
> [...]
>
> und haete es al diu werlt gesworn,
> ern wirdet niemer dîn man. «[402]

Dank der Mutter gelingt es Isolde, einer Hochzeit mit dem Truchsessen zu entkommen, da auf ihren Befehl der richtige Drachentöter, nämlich Tristan, gesucht und gefunden wird. Derselbe bringt schließlich Markes Werbung um die junge Isolde hervor:

> und habet ir iuwer arbeit
> vil saeclîche an mich geleit,
> des sol mîn juncvrouwe sîn
> vrouwe unde künigîn
> ze Curnewâle und z'Engelant.[403]

Bemerkenswerterweise fragt die Königin an dieser Stelle nicht nach dem Willen ihrer Tochter selbst, sondern bittet Brangäne um ihren Rat bezüglich der Einwilligung in das Heiratsangebot. Miklautsch erklärt sich dieses Vorgehen folgendermaßen: Entweder „geht Isoldes Mutter von vornherein davon aus, daß ihre Tochter die Gattin Markes werden möchte [oder sie] findet es gar nicht der Mühe wert, ihre Tochter zu befragen, weil Isolde [...] ihr ohnehin zu Gehorsam verpflichtet ist"[404]. Die an so vielen Stellen in Erscheinung tretende Unkonventionalität der irischen Königin spricht für die erste Vermutung der Autorin. Auch, dass es sich bei der um Rat Gefragten um eine Frau handelt, spricht vom ausgeprägten „gender-Bewusstsein"[405] der Königin.

Schulze-Belli und Dallapiazza teilen diese Meinung: „Das Zwiegespräch der beiden Isolden über den Truchsessen enthüllt ein inniges Einverständnis, Gotfrid scheint besonders an dieser

---
[400] Ebd. S. 90.
[401] V. 9277.
[402] V. 9297.
[403] V. 10571.
[404] Miklautsch, 1994, S. 94.
[405] Maier-Eroms, 2007, S. 212.

Stelle ein ideales Mutter-Tochter-Verhältnis zu entwerfen"[406], schlussfolgern sie. Insgesamt offenbart sich auch in der Hilfe bei der Wahl des richtigen Ehepartners die insgesamt unterstützende Funktion der älteren Isolde.

7.2.5. Isoldes Dominanz und Sachverstand vor Gericht

Abzuwenden, dass ihre Tochter einen unstandesgemäßen Ehemann bekommt, ist die Hauptmotivation für die „rege Tätigkeit" der Königin „zur Verhinderung der Heirat", allen voran im Rahmen der Abhaltung des Gerichtstages in Wexford, „bei dem im Wesentlichen die Königin spricht"[407] und ihr Ehemann Gurmun „ganz im Hintergrund"[408] bleibt. Diesen beruhigt die *saelige künigîn*[409] im Vorfeld mit den Mahnungen *»gehabet iuch wol«*[410] und *envürhtet iu ze nihte*[411], als er ihr seine Sorge um den Ausgang des Prozesses kundtut. „Dadurch sprengt Gottfried auf sublime Art traditionelle Rollenmuster und Verhaltensnormen, die generell der Frau den furchtsamen Part attribuieren"[412].

Die Königin eröffnet ihm daraufhin ihr Wissen um den Betrug des Truchsess und den echten Drachentöter, den sie dem Richter erst zum Ende der Verhandlung präsentiert. Nachdem der Truchsess seinen Anspruch auf Isolde geäußert hat, wirft ihm die Königin selbstbewusst vor, dass er diesen Lohn *niht verdienet hât*[413], denn, dass der Truchsess ein Drachenhaupt mitgebracht hat, *daz braehte ouch lîhte ein ander man.*[414] Als der Betrüger die weibliche Art als falsch bezeichnet, holt die Irin zum Gegenschlag aus und verwendet seine Aussagen als Waffe gegen ihn selbst:

> *du hâst die selben vrouwen site*
> *sêre an dîn seil gevazzet:*
> *du minnest, daz dich hazzet;*[415]

Isolde instrumentalisiert geschickt die starren Geschlechtsstereotype ihres Gegners[416] und lässt sich zu einer „höhnischen Bemerkung"[417] herab:

---

[406] Schulze-Belli/Dallapiazza, 1990, S. 69.
[407] Miklautsch, 1994, S. 92.
[408] Hollandt, 1966, S. 36.
[409] V. 9726.
[410] V. 9730.
[411] V. 9748.
[412] Maier-Eroms, 2007, S. 211.
[413] V. 9838.
[414] V. 9849.
[415] V. 9912ff.

> *ich selbe enwart dir ouch nie holt.*[418]

Der Truchsess bemerkt die außergewöhnliche Unerschrockenheit und Emanzipiertheit, die in ihrer Argumentation und in ihrer Androhung, die Wahrheit aufzudecken, liegt:

> »*vrouwe, ez enist dekein man,*
> *der sich hier ume iht nimet an*
> *und mich von mînen êren*
> *mit valsche waenet kêren, [...]*«[419]

Die Königin lässt sich nicht beirren und verkündet ihre Bürgschaft für den wahren Helden, den sie dem Gericht *an den dritten tac*[420] präsentieren und zum Kampf mit dem Truchsessen bringen will. Sie nimmt die „Herausforderung zum Rechtskampf [...] stellvertretend für den Unbekannten an"[421].

Als der besagte Tag gekommen ist und die Verhandlung wieder aufgenommen wird, setzen Mutter und Tochter ihr gewohntes Vorgehen fort:

> *diu mouter sprach, diu tohter sweic*[422]

Wieder ist es die Königin, die das Wort ergreift, um Isolde, die schweigend den Ausgang der Verhandlung abwartet, vor einer Ehe mit dem Truchsess zu bewahren. Als Tristan dem Volk wirkungsvoll präsentiert wurde und der Betrug aufgedeckt ist, verbirgt die ältere Isolde ihren Triumph über den Lügner in keinster Weise und gibt den „entlarvten Betrüger endgültig der Lächerlichkeit preis"[423]:

> »*truhsaeze« sprach diu künigîn*
> »*dazn wände ich niemer geleben,*
> *daz du iemer solltest ûf gegeben*
> *alse gar gewunnen spil.*«[424]

Insgesamt erweist sie sich im Gerichtssaal als „meisterliche Strategin"[425], die durch ihr taktisches Geschick, ihr diplomatisches Vorgehen und ihre brillante Rhetorik den Verlauf der Verhandlung nach ihrem Interesse zu lenken vermag. Sie fungiert als Anwältin ihrer gleichnamigen Tochter und geht als Siegerin aus dem Prozess hervor.

---

[416] V. Maier-Eroms, 2007, S. 211.
[417] Ebd.
[418] V. 9935.
[419] V. 9955ff.
[420] V. 9966.
[421] Hollandt, 1966, S. 38.
[422] V. 11018.
[423] Hollandt, 1966, S.39.
[424] V. 11354ff.
[425] Hollandt, 1966, S. 36.

7.2.6. Fazit zur Funktion der älteren Isolde im epischen Gefüge

Insgesamt ist die ältere Isolde eine weibliche Nebenfigur, deren Funktion sich im epischen Verlauf aus ihren drei herausragenden Eigenschaften ergibt, nämlich aus ihrer Nähe zur Magie, ihrem medizinischen Fachwissen sowie ihrer charakterlichen Stärke und Weisheit. Als Erzieherin wird sie zunächst an ihrer Tochter Isolde tätig, später aber auch an ihrem Umfeld im Allgemeinen: Sie treibt verfeindete Lager zur Versöhnung an, verhindert Taten, die aus purer Emotionalität begangen werden und mahnt vor allem zur Einhaltung der höfischen Ehre.

All ihre Handlungen vollziehen sich dabei eingedenk des übergeordneten Prinzips der Gerechtigkeit, als deren Verfechterin sich die ältere Isolde sieht. Damit hat sie eine wichtige Position im höfischen Geschehen: „Die gebildete, sittlich gefestigte Frau ist immerhin ein wesentlicher Bestandteil des höfischen Wertesystems"[426]. So nimmt sie beim Gerichtstag von Wexford die Stellung des Anwaltes der jungen Isolde ein, welche sich meistens auf ihre starke Mutter verlässt. Als Repräsentantin Tristans kann sie den Betrug um den Drachentod aufklären und den wahren Helden zu seiner ihm verdienten Ehre verhelfen.

Ihr Standpunkt ist allerdings keinesfalls statisch zu verstehen, sondern zeichnet sich durch Bewegung und Aktivismus aus, da die Königin die meisten Aktionen ihrer Tochter einleitet und anstößt.

Im jeweiligen Verlauf der einzelnen Handlungsetappen kommt vor allem ihre Rolle als Ärztin und Heilerin zum Tragen, welche mit einer lebensrettenden Funktion auf dem Gebiet der Physis und einer unterstützenden Wirkungsweise im psychisch-moralischen Bereich einhergeht. So rettet sie nicht nur mehrmals Tristans Leben, sondern sorgt auch für den Nichtvollzug einer unrechtmäßigen Verheiratung ihrer Tochter mit dem Truchsessen.

Nichtsdestoweniger nimmt die irische Königin in weiten Teilen der Romanhandlung den Status als Gegenspielerin Tristans ein: „Immer wieder gerät er, der sonst Unabhängige, allen Überlegene, in ihre Abhängigkeit"[427]. Die Beziehung zwischen Mutter und Tochter dagegen beschreibt Miklautsch als ideal, da es zu keinem Konflikt zwischen den Frauen kommt und sich die beiden „ausschließlich innerhalb ihres zugewiesenen Rolleninventars bewegen"[428].

---

[426] Miklautsch, 1994, S. 89.
[427] Hollandt, 1966, S. 39.
[428] Miklautsch, 1994, S. 95.

7.3. Das Wirken der älteren Isolde vor dem Erwartungshorizont des Mittelalters

Maier-Eroms bezeichnet Isolde die Ältere als „eine der fortschrittlichsten Figuren des gesamten Werks" und sieht in ihr die Spiegelung „Gottfrieds Aufgeschlossenheit gegenüber ‚modernen' gender Konzeptionen"[429]. Tatsächlich passt diese Einordnung auf den Großteil der Aussagen und Verhaltensweisen der irischen Königin, jedoch finden sich neben der ausgeprägten Unkonventionalität der Nebenfigur verdeckte Spuren höfischer Normkonformität.

7.3.1. Isoldes machtpolitische Dominanz über den Mann

Isolde die Ältere genießt den Status einer einflussreichen weiblichen Regentin, welcher eine hohe gesellschaftliche Anerkennung zuteil wird. Auch Gurmun kann durch eine Vermählung mit der Königin, der Schwester des gefürchteten Morold, seine Macht und sein Ansehen erweitern, um sich „in der Folge als gefürchteter Potentat [zu] gerieren"[430]. Der Einflussreichtum überträgt sich hier von der potenten Herrscherin auf den weniger mächtigen Ehemann, vom weiblichen auf das männliche Geschlecht, und nicht umgekehrt, wie es in den meisten adeligen Eheschließungen der Fall ist. Gottfried zeichnet mit Isolde das Bild einer überlegenen Frau, die eine große politische Verfügungsgewalt innehat und welche es trotz der Annahme der weiblichen Inferiorität auch im Mittelalter gegeben hat.

7.3.2. Ihre charakterliche Überlegenheit gegenüber dem Mann

Nicht nur in der Machtpolitik, sondern auch in Isoldes Wesen lässt sich ein hoher Anteil emanzipatorischer Züge feststellen, mit deren Hilfe die Königin ihre männlichen Figurenpendants überragt. So besticht Isoldes Mutter mit Charaktereigenschaften, die nach mittelalterlichen Vorstellungen eher dem Mann als der Frau zugeschrieben werden: Sie ist rational und legt eine utilitaristische Bedachtheit an den Tag, wenn es darum geht, durch den Verzicht auf Rache an Tristan ihre Tochter und sich selbst vor noch größerem Leid zu bewahren :

---

[429] Maier-Eroms, 2007, S. 212.
[430] Schulze-Belli/Dallapiazza, 1990, S. 67.

> *ich lîde sanfter unde baz*
> *eine swaere danne zwô.*[431]

Hollandt lobt weiter ihren „Scharfsinn" und ihr „besonnenes Urteilsvermögen"[432], das vor allem bei der Suche nach dem wahren Drachentöter zu Tage tritt. Als Isoldes Anwältin erhebt sie im Gerichtsprozess in Wexford das Wort gegen den Truchsessen, wobei sie im Namen ihres Ehemanns Gurmun und ihrer Tochter spricht. Auch hier sind die typischen Geschlechterrollen pervertiert. Ebenso ermahnt sie Gurmun noch im Vorfeld, sich keine Sorgen über den Ausgang des Prozesses zu machen und übertrifft ihren Gatten auch hier an Selbstbewusstsein, Handlungskompetenz und Zielorientiertheit.

All diese charakterlichen, eher „männlich" wirkenden Tugenden und Stärken stehen jedoch nicht für sich alleine, sondern wirken zusammen mit Isoldes medizinischen und magischen Fähigkeiten. Die Kombination aus gefestigten, eher „männlichen" Charakterzügen einerseits und ihrer weiblichen Heilkunst und Übersinnlichkeit andererseits machen die Herrscherin auf der Grundlage einer brillanten intellektuellen Ausbildung zu einer nahezu unbesiegbaren, vor Kraft und Weisheit strotzenden Regentin, die sich in einem großen Handlungsspielraum bewegt.

7.3.3. Isoldes Rückschritte zu mittelalterlichen Geschlechternormen

Da Isolde sich nicht der männlichen Autorität beugt und ihrem gegengeschlechtlichen Gegenüber nicht durchweg Gehorsam leistet, ist sie keine passive Frauenfigur, die als reine Funktionsträgerin des Mannes gesehen werden kann. Trotzdem entspricht sie in manchen Szenen der typisch mittelalterlichen Frau. So martert sie sich nach Morolds Tod zusammen mit ihrer Tochter, um ihr Leid auch körperlich erfahrbar zu machen:

> *sî unde ir tohter Îsôt*
> *die quelten manege wîs ir lîp, [...]*[433]

Auch als sich ihre junge Namenskollegin an Tristan für den Mord an Morold rächen möchte, unterliegt Isolde die Ältere den höfischen Konventionen und Rollenzwängen. Mit der Frage, ob Isoldes Hantieren mit dem Schwert dem Benehmen einer feinen Dame entspricht, fordert die Mutter ein normkonformes Verhalten ein:

---

[431] V. 10300ff.
[432] Hollandt, 1966, S. 33.
[433] V. 7168.

tohter, waz tiutest dû hie mite?
sint diz schoene vrouwen site?[434]

Ferner vertritt die irische Königin zwar vehement die Ansicht, dass eine Hochzeit freiwillig sein muss, *(und haete es al diu werlt gesworn, ern wirdet niemer dîn man.*[435]) jedoch legt sie, was die Vermählung ihrer Tochter betrifft, Wert darauf, dass sie standesgemäß ist und die junge Isolde einen *edelen künic nimet*[436]. So schickt sie jene, ohne sie um ihr Einverständnis zu fragen, nach Cornwall, um dort Marke zu heiraten. Ein Liebestrank soll die zärtlichen Gefühle der Tochter zu Marke „erzwingen" und ihr so die Ehe erleichtern.

Die junge Isolde fühlt sich zu Recht von der Mutter *verkoufet*[437], denn bei aller Unkonventionalität missachtet die irische Königin hier das zuvor so emanzipatorisch postulierte Recht der Frau auf freie Partnerwahl und räumt ihrer Tochter keinerlei Mitsprache bei der Gestaltung ihrer Zukunft ein.

7.3.4. Fazit zum Vergleich der älteren Isolde mit dem mittelalterlichen Frauenbild

Insgesamt handelt es sich bei Isoldes Mutter um eine Figur, die sich klar über die weibliche Inferiorität des Mittelalters hinwegsetzt. Sie leistet erfolgreich Widerstand gegen die ungewollte Ehe ihrer Tochter, sucht eigenhändig nach dem wahren Drachentöter und agiert als eloquente Hauptrednerin im Gerichtsprozess in Wexford.

Hinsichtlich ihres Aktionspotentials überrascht die selbstbewusste Königin mit einem außerordentlichen Einsatz und ausgeprägten Aktivismus. Isoldes Ehemann spielt dabei eine untergeordnete Rolle und steht unter der Dominanz der Königin. Seine Autorität scheint nur „formaler Natur"[438] zu sein.

Trotz des guten Mutter-Tochter-Verhältnisses fällt die Königin in der Interaktion mit der jüngeren Isolde oftmals in mittelalterliche Rollenmuster zurück. Auch ihre Bedachtheit auf die Bewahrung der höfischen Ehre widerspricht der sonst so liberalen Haltung der Königin.

---

[434] V. 10170f.
[435] V. 9294f.
[436] V. 10507.
[437] V. 11590.
[438] Mälzer, 1991, S. 145.

Isolde ist dennoch eine mächtige und moderne Herrscherin, die sich hie und da nicht von den konventionellen Normen lösen kann, was die Problematik der Vereinbarkeit von gesellschaftlichem und individuellem Interesse und somit eines der Hauptthemen des Romans noch zusätzlich unterstreicht.

8. Die blonde Isolde

Die blonde Isolde dient Gottfried als Exempel seiner unkonventionellen Konzeption von Minne und ist somit die wichtigste der weiblichen Nebenfiguren, die demzufolge neben Tristan zu den Hauptakteuren des Romans zählt.

8.1. Isoldes Charakterisierung auf der Ebene des Textes

Gegenüber der Darstellung der übrigen weiblichen Nebenfiguren, aber auch im Vergleich zu der Charakterisierung des Protagonisten Tristan, lässt sich bei Isolde eine „beachtlich quantitative und qualitative Steigerung"[439] erkennen. Vor allem beim Auftritt der Damen am irischen Hof, entfallen 122 Verse auf die junge Isolde.[440] „Damit [lässt Gottfried sie] nach Abschluß ihrer Ausbildung durch Tristan zum Mittelpunkt des öffentlichen Interesses werden"[441].

8.1.1. Die parallele Einführung der beiden Isolden

Gottfrieds Einführung der blonden Isolde ist überdies in erheblichem Maße geprägt von einer sich auf der Verhaltensebene abzeichnenden Parallelität zu ihrer Mutter, der irischen Königin. Beide *quelten manege wîs ir lîp*[442], als sie vom Tod ihres Verwandten Morold erfahren, *beide kusten sein houbet und die hant*[443], beide *sâhen [...] mit jâmer und mit leide*[444] den Splitter in seiner Wunde und beide legten diesen schließlich in *einen schrîn*[445]. Die Gleichartigkeit in ihren Gebärden lässt auf weitere Ähnlichkeiten zwischen den Edeldamen, die beide *âne underscheide*[446] sind, schließen, was im Laufe der genaueren Beschreibung der jungen Isolde bestätigt wird: Die Prinzessin steht ihrer Mutter hinsichtlich ihrer Schönheit und Bildung in nichts nach.

---

[439] Wolf, 1989, S. 166.
[440] Vgl. Mälzer, 1991, 118.
[441] Ebd.
[442] V. 7169.
[443] V. 7177.
[444] V. 7190.
[445] V. 7193.
[446] V. 9614.

8.1.2. Isoldes Ausbildung

Die *erwünscheten maget, von der disiu maere sint,*[447] wird seit Kindesbeinen an in *buoch und seitspil*[448] unterrichtet, sie beherrscht *schoene vuoge*[449] und *höfscheit genuoge*[450] sowie die Sprache von Dublin, Französisch und Latein. Diese Kenntnisse soll Tristan im Auftrag der irischen Königin vertiefen und erweitern, was dazu führt, dass die erste Verbindung des späteren Liebespaares, die einer Schüler-Lehrer-Beziehung entspricht. Das Interesse für die Musik und die Fähigkeit der Leidenschaft beim Musizieren ist dabei eine anfängliche Gemeinsamkeit zwischen Tristan, der zu diesem Zeitpunkt noch in der Verkleidung des Spielmannes Tantris agiert, und Isolde.[451]

8.1.3. Die erste Begegnung der Liebenden

So vollzieht sich auch die erste Begegnung zwischen Tristan und Isolde in einem musikalischen Rahmen, als Isolde, *daz wâre insigel der Minne*[452], Tristans Harfenspiel lauscht. Mit dieser Metapher beschreibt der Dichter die Figur in Anlehnung an den mystischen Sprachgebrauch[453] und „erhebt sie [...] über alle anderen Isolde-Gestalten seiner Vorgänger und Nachfolger, denn er läßt damit von Anfang an keinen Zweifel an der Bestimmung der jungen Isolde"[454]. Die Siegelmetapher soll als Vorausdeutung auf das künftige Schicksal der Protagonisten fungieren, da sie Tristans Herz mit ihrer Liebe nach außen hin verschließen wird.[455] Die erste Begegnung symbolisiert ferner die Vervollkommnung des materiellen Bereichs der *arzatie*, repräsentiert durch die alte Isolde, durch den metaphorischen Bereich *minne und arzatie*, in Gestalt der jungen Isolde.[456]

---

[447] V. 7717f.
[448] V. 7727.
[449] V. 7981.
[450] V. 7982.
[451] Vgl. Braunagel, 2000, S. 120.
[452] V. 7812.
[453] Vgl. Wolf, 1989, S. 154.
[454] Mälzer, 1991, S. 91.
[455] Vgl. Ebd
[456] Vgl. Ebd. S. 92.

8.1.4. Isoldes moralische Sozialisierung

Das Kernstück Tristans Lehre ist die *morâliteit*[457], welche gleichzeitig „Ausdruck einer letzten, durch Bildung und Schönheit erreichten Steigerung personaler Vollkommenheit"[458] ist und als *saelic und reine*[459] beschrieben wird. Mälzer bringt das Prinzip der *morâliteit* mit der Absicht des Dichters in Verbindung: Er sieht darin ein neues, ideales Menschenbild, „das Gottfried hier wiederum an einer Frau exemplifiziert"[460]. Tristan erhebe Isolde, das zunächst „unfertige Produkt"[461] auf seinen ethischen und ästhetischen Ausbildungsstand.[462] Das Resultat dieser moralischen Erziehung präsentiert sich auf der Textebene folgendermaßen:

> *hie von sô wart si wol gesite,*
> *schône unde reine gemuot,*
> *ir gebaerde süeze unde guot.*[463]

8.1.5. Isolde als Sirene

Das Lob der musikalischen Fähigkeiten der irischen Prinzessin mit den *harmblanken henden*[464], die *ir lîren und ir harpfenspil*[465] *ze lobelîchem prîse*[466] anschlägt, führt zum Vergleich der *schoenen* und *saelderîchen*[467] mit den Sirenen. Genau wie diese mit dem *agesteine die kiele*[468] zu sich ziehen, zieht die blonde Isolde laut Gottfried mit *ir sanc*[469] die Gedanken der Menschen an, und zwar *ûz maneges herzen arken*[470], um sie mit *sene und seneder nôt*[471] zu fesseln. Kraschewski-Stolz belegt, dass das Sirenengleichnis und der Moralitätsexkurs „kontrapunktisch aufeinander bezogen sind"[472]:

---

[457] V. 8004.
[458] Kraschewski-Stolz, 1983, S. 266.
[459] V. 8009.
[460] Mälzer, 1991, S. 96f.
[461] Ebd. S. 102.
[462] Vgl. Ebd. S. 97.
[463] V. 8024ff.
[464] V. 8066.
[465] V. 8064.
[466] V. 8067.
[467] V. 8086.
[468] V. 8088.
[469] V. 8115.
[470] V. 8109.
[471] V. 8131.
[472] Kraschewski-Stolz, 1983, S. 266.

> *Isolde, die vorher gleichsam allgemeines Ideal, die Verkörperung allgemeiner Freude (lust) war, wirkt auf die Umwelt plötzlich nicht mehr erfreulich, das eigene Lebensgefühl ausweitend, sondern im Gegenteil: bedrängend und beängstigend.*[473]

Die Autorin konstatiert schließlich, dass zwischen der höfisch-harmonistischen, begrifflich kodifizierten Wirkung Isoldes auf die höfische Umwelt als *ougenweide* und ihrem bedrängenden, verunsichernden *zouber* ein unübersehbarer Gegensatz besteht.[474] Der höfischen Vorbildlichkeit der musizierenden Isolde wird eine erotische Komponente beigefügt, die verbunden ist mit dem Moment der Verführung und der Gefahr. Mälzer sieht in diesem Sirenengleichnis bereits die Unausweichlichkeit des unglücklichen Ausgangs des Epos:

> *Damit wird deutlich, daß Isolde aufgrund ihrer inneren Anlagen, ihrer archetypischen und zugleich modernen Verhaltensweisen in Konflikt geraten muß mit der mittelalterlichen Moralauffassung der Kirche.*[475]

Mit diesen Charaktereigenschaften ist es Isolde nur möglich, Minne außerhalb der „eng gesteckten konventionellen und moralischen Grenzen der höfischen Gesellschaft"[476] zu leben, was auf dem Marke-Hof letztlich nicht realisierbar ist.

8.1.6. Tristans Isoldenpreis

An das Sirenengleichnis schließt sich der sogenannte Isoldenpreis an, in dem Tristan Isoldes Schönheit am Marke-Hof rühmt. Tristan spricht von einem *kint von gebaerden und von libe*[477], das als *lustic unde als ûz erkorn*[478] noch nie geboren wurde. Ihre Reinheit vergleicht er mit arabischem Gold und ihre Schönheit lobt er mehr als jene der Helena, die als antiker Typus Isoldes äußerliche Vollkommenheit nur „präfiguriert"[479]:

> *ganzlîchiu schoene ertagete nie*
> *ze Criechenlant, si taget hie.*[480]

Isolde erscheint hier also nicht in ihrer „verwirrenden und beängstigenden persönlichen Wirkung, sondern objektiviert im Überbietungsvergleich mit einem mythologischem Exemplum"[481]. Laut Tristan läutert Isoldes Anblick jedes Herz und Geist, genau wie die

---

[473] Ebd. S. 268.
[474] Vgl. Ebd. S. 271.
[475] Mälzer, 1991, S. 97.
[476] Ebd.
[477] V. 8256.
[478] V. 8259.
[479] Mälzer, 1991, S. 90.
[480] V. 8276f.
[481] Kraschewski-Stolz, 1983, S. 272.

gluot dem golde tuot[482]. Die Schönheit der *wunneclîchen von Îrlant*[483] schmückt und krönt *wîp unde wîplîchen namen*[484], erhellt also das gesamte weibliche Geschlecht.

Bezeichnend ist an dieser Stelle außerdem, dass Tristan seine Preisung mit der Benennung Isoldes als *sîner vrouwen der maget*[485] endet, wohingegen er eingangs lediglich von ihr als *maget*[486] gesprochen hat. Die sich verändernden Worte bezüglich Isolde zeugen von dem höheren Stellenwert, den die Prinzessin nun in Tristans Herzen einnimmt. Ferner dient ihre Erhöhung zur *vrouwe* als Vorausdeutung für die spätere Liebesgemeinschaft zwischen den beiden.

Das Volk, das von der Außerordentlichkeit der irischen Prinzessin mehr als angetan ist, empfiehlt Marke darauf hin, sich das Mädchen zur Frau zu nehmen. Als Grund dafür führt es ihre *wîplîchiu saelekeit*[487], ihre *saelde*[488] und ihre insgesamt positive Auswirkung auf das gesamte Volk an:

> *mag iu diu ze wîbe*
> *und uns ze vrouwen werden,*
> *sone kan uns ûf der erden*
> *an wîbe niemer baz geschehen.*[489]

Auch aus Tristans Mund äußert sich noch einmal der Wert, den Isolde für den Marke-Hof hat. Auch wenn die Werber auf der Brautfahrt umkämen, die Anwesenheit Isoldes würde das Unglück aufwiegen:

> *hèrre, werde iu diu schoene Îsôt,*
> *laege wir dan alle tôt,*
> *dâ waere lützel schaden an.*[490]

Die große Hochachtung vor dem Mädchen führt sogar so weit, dass bereits *tûsende*[491] im Kampf gegen den Drachen und somit um die Hand der Adelstochter *den lîp*[492] verloren haben. Die Königin weiß ebenfalls um die Vortrefflichkeit ihrer Tochter, weswegen sie es deren Werbern, wie zum Beispiel dem Truchsessen, nicht leicht macht:

---

[482] V. 8292.
[483] V. 8303.
[484] V. 8329.
[485] V. 8302.
[486] V. 8253.
[487] V. 8467.
[488] V. 8468.
[489] V. 8474ff.
[490] V. 8575.
[491] V. 8916.
[492] Ebd.

> der alsô rîlîchen solt,
> als mîn tohter ist, Isolt
> ungedienet haben wil,
> entriuwen des ist alze vil.[493]

Isolde, die sich weigert, den Truchsessen als den wahren Drachentöter anzusehen, wird deshalb von diesem als *daz irresameste spil, daz ieman ûf dem brete kann*[494] bezeichnet. Insgesamt lässt sich zu Isoldes Beschreibung in den Szenen vor dem Minnetrank feststellen, dass hier vor allem ihre „Jugendlichkeit, ihre Mädchenhaftigkeit, ihre Lieblichkeit und andere, dem höfischen weiblichen Tugendkanon der Zeit entsprechende typische Eigenschaften"[495] gepriesen werden.

8.1.7. Die Sonnenmetaphorik

Ein auffälliges Leitmotiv bei der Beschreibung der blonden Isolde ist die Sonnenmetaphorik, mit der die irische Prinzessin vielfach versehen wird. So spricht Tristan im Isoldenpreis nicht nur von der *liehte Îsôt, diu lûtere*[496], *diu lûter* [ist] *alse arâbesch golt*[497], sondern stellt sie wortwörtlich als *niuwe sunne*[498] dar, die *nâch ir morgenrôte*[499] in *elliu herze schîne*[500]. In Analogie zur strahlenden Isolde leuchtet auch Tristans Helm mit hellem Schein, woraufhin ihn die Frauen halbtot mit der Drachenzunge im Sumpf entdecken:

> von sînem helme gienc ein glast,
> der vermeldete ir den gast.[501]

Nach seiner Bergung preist Tristan die Lieblichkeit seiner Retterinnen, wobei er auf die Sonne-Mond-Metaphorik rekurriert:

> Îsôt diu liehte sunne
> und ouch ir muoter Îsot
> daz vrôlîche morgenrot,
> diu stolze Brangaene
> daz schoene volmaene.[502]

---

[493] V. 9821.
[494] V. 9888.
[495] Mälzer, 1991, S. 93.
[496] V. 8261.
[497] V. 8262.
[498] V. 8280.
[499] V. 8281.
[500] V. 8284.
[501] V. 9376.
[502] V. 9456ff.

Als Isolde schließlich Tristans wahre Identität entdeckt und nach Rache sinnt, warnt Tristan sie vor voreiligen Taten, da *diu sunne, diu von Îrlant gât, diu manic herze ervröuwet hât,* [...] *danne ein ende*[503] hätte. Ebenso beim Auftritt der Damen in der Gerichtsverhandlung werden der irischen Königin und ihrer Tochter, der blonden Isolde, wiederum die Attribute „Morgenrot" und „Sonne" zugeordnet.[504] Die Metaphorik wird erneut aufgenommen, als Tristan und Isolde in der Minnegrotte schlafen und ein Sonnenstrahl auf das Gesicht der Gemahlin Markes fällt:

> *zwô schoene haeten an der stunt*
> *ein spil gemachet under in zwein.*
> *dâ schein lieht unde lieht in ein.*[505]

Kraschewski-Stolz deutet die Sonnenmetaphorik als Isoldes Entfaltung und Erfüllung der Möglichkeiten ihrer Mutter, die schließlich als Vorgängerin der Sonne, als Morgenrot, fungiert: „Im Bild der Sonne und des Lichtes preist Tristan – auch im Hinblick auf die höfische Gesellschaft – Isoldes Qualitäten, die sich als ‚Weiblichkeit' in ihrer Schönheit und ethischen Vollkommenheit niederschlagen."[506] Wolf dagegen sieht in der Bildlichkeit einerseits einen religiösen Bezug auf die Mariengestalt, andererseits eine Gleichsetzung der Wirkung Isoldes mit der Reaktion, die von Gottfrieds Roman ausgeht.[507] Er lässt jedoch nicht vergessen, dass die Sonne gegen Schluss des Fragments ihr verhängnisvolles Gegenstück erhält, in der die *sunne sêre, leider ûf* [Isoldes] *êre* [scheint][508] und sie sich erneut zu einem Treffen mit Tristan hinreißen lässt, welches Marke schließlich entdeckt.

8.1.8. Die Goldmetaphorik

Eng verbunden mit der Sonnenbildlichkeit ist auch die Goldmetapher: Isolde wird im Isoldenpreis zunächst mit arabischem Gold verglichen[509]. Bei ihrer Beschreibung anlässlich der Gerichtsverhandlung ist außerdem von ihrem Haar die Rede, das *dem golde*[510] ähnelt. In der Minnegrotte überfärbt die Liebe Isoldes ursprünglich weißes Gesicht mit einer goldenen

---

[503] V. 10161f.
[504] Vgl. V. 10885ff.
[505] V. 17580ff.
[506] Kraschewski-Stolz, 1983, S. 280.
[507] Wolf, 1989, S. 166.
[508] V. 18127.
[509] V. 8262.
[510] V. 10985.

Täuschung[511]. Diese Übergoldung, *diu guldîne unschulde*, verschleiert Markes Verstand, woraufhin er Isoldes Schönheit von neuem erliegt. Einerseits kann die goldene Farbe Isoldes durch ihre veredelnde Wirkung erklärt werden, andererseits drückt sie die Harmonie zwischen äußerem Glanz und innerer Reinheit aus. Diese Deutung scheint auch im Sinne Tristans zu sein, der die junge Isolde als *sinnic unde saelic*[512] und *getriuwe unde bescheiden*[513] ansieht, als er im Zuge ihres Rachesinnens an ihre Gnade appelliert.

8.1.9. Die Edelstein- und Jagdmetaphorik

Isoldes äußere und innere Vollkommenheit wird schließlich in der 235 Verse lang andauernden *descriptio* ihrer Erscheinung in der Gerichtsverhandlung am irischen Hof deutlich. Die Prinzessin trägt einen Mantel von *brûnem samît*[514], einen Pelz mit *wîzen berlîn*[515] und *eine cirkel von golde*[516], der mit Edelsteinen besetzt ist. „Daß damit geistliche Edelsteinsymbolik aus der Tradition der Beschreibung des himmlischen Jerusalems evoziert wird, ist kaum zu leugnen"[517], mutmaßt Wolf. Isoldes Haltung und Gebärden werden außerdem mit Jagdvögeln verglichen:

> *si was an ir gelâze*
> *ûfreht und offenbaere,*
> *gelîch dem sperwaere,*
> *gestreichet alse ein papegân.*
> *sie liez ir ougen umbe gân*
> *als der valke ûf dem aste.*[518]

Das aggressive Bild des Falken, entfaltet hier seine Dynamik und betont die Lebhaftigkeit von Isoldes Augen. „Isolde bringt auf diese Weise als Falke der Göttin Minne so manchen um seinen Verstand"[519], so Wolf. Diese These harmoniert auch mit der Ansicht Kurvenals, der Isoldes Schönheit sogar verflucht:

> *ôwî, daz dîn lop und dîn nam*
> *ie hin ze Curnewâle kam!*
> *was dîn schoene und eitelkeit*
> *ze solhem schaden ûf geleit*

---

[511] Vgl. V. 17542.
[512] V. 10328.
[513] V. 10329.
[514] V. 10900.
[515] V. 10937.
[516] V. 10963.
[517] Wolf, 1989, S. 174.
[518] V. 10992.
[519] Wolf, 1989, S. 173.

> *einer der saeligsten art,*
> *diu ie mit sper versigelt wart,*
> *der dû ze wol geviele?*[520]

Beim Abschied von Irland ist diese verführerische Jungfrau jedoch *trûric unde sêre unvrô*[521] und verlässt an der Hand Tristans ihre Heimat.

8.1.10. Isolde nach der Minnetrank-Episode

Als Isolde den Minnetrank geleert hat, ist ihr Äußeres wieder mit ihrem Inneren vereint:

> *ir clâren ougen unde ir sin*
> *diu gehullen dô wol under in.*
> *ir herze unde ir ougen*
> *diu schâcheten vil tougen*
> *und lieplîchen an den man.*[522]

Mit klarem Blick und aufrichtigem Herzen scheint sich Isolde bewusst für Tristan zu entscheiden. Auch in der Forschung ist umstritten, ob Isoldes Verliebtheit allein dem Konsum des Minnetrankes zu verschulden ist.

Nachdem die beiden den Marke-Hof in Cornwall erreicht haben, berichtet Gottfried von der positiven Reaktion der Hofgesellschaft auf die zukünftige Königin. Isolde, deren Name dreimal genannt wird, wird als *wunder*[523] der *werlt*[524] gelobt und wiederum mit der Sonne verglichen, die der Welt Freude schenkt. Signifikant ist außerdem Isoldes Beschreibung in der Gottesurteil-Episode, in der sie ein rauhes, härenes Hemd und ein wollenes Gewand trägt, das kurz ist und ihre Knöchel freigibt, woraufhin *manec herze und ouge nam ir war swâre unde erbermeclîche*[525]. Wolf beurteilt diese Szene als bewusste, erotische Provokation, was seiner Meinung nach durchaus zur Vordergründigkeit des Hofes und seiner Rechtsgebräuche passt.[526] In der Minnegrotte jedoch erscheint Isolde wieder in ihrer ganzen Unschuld und Schönheit: Nicht nur für Marke ähnelt sie dort einer *gotinne*[527], auch der Jäger, der sie zuerst findet, sieht sie als auserlesenes Geschöpf:

> *[...] daz nie von wîbes lîbe*
> *kein crêatiure als ûz erkorn*

---

[520] V. 9561ff.
[521] V. 11527.
[522] V. 11843ff.
[523] V. 12562.
[524] Ebd.
[525] V. 15665.
[526] Vgl. Wolf, 1989, S. 174.
[527] V. 17474.

ze dirre werlde würde geborn.[528]

Insgesamt lässt sich anhand Isoldes Beschreibung auf der Ebene des Textes feststellen, dass die irische Prinzessin, und schließlich die Gemahlin Markes, dem Ideal der höfischen Dame vollkommen entspricht: Ihre körperliche Schönheit, die höfische Kleidung und eine vornehme Haltung verbinden sich zu einem harmonischen Ganzen. „Erst die Liebe zu Tristan lässt ihre positive Einstellung hinsichtlich äußerer Reglements ins Wanken geraten"[529], so Maier-Eroms. Die Loslösung Isoldes aus einem religiösen Kontext, d.h. die durchgehende Akzentuierung ihrer erotischen Ausstrahlungskraft, trägt laut Mälzer wesentlich zur Verschärfung des Konflikts zwischen Individuum und Gesellschaft bei.[530]

8.2. Isoldes Funktion im epischen Gefüge

Isolde nimmt mit ihren Aktionen nicht nur einen Großteil des Epos ein, sondern ist auch insofern Trägerin der Haupthandlung, als dass sie diese konkret steuert und beeinflusst. Trotz der unabkömmlichen Rollen der übrigen weiblichen Nebenfiguren, stellt Isolde als Geliebte des Protagonisten die wichtigste Frauengestalt im Tristanroman dar, der Gottfried spezifische Funktionen zuteilt.

8.2.1. Isolde als Trägerin der Haupthandlung

Tristans Begegnung mit Isolde nach der ersten Irlandfahrt führt demnach zu einem irreparablen Aufbrechen der latent vorhandenen Spannungen zwischen Tristan und der höfischen Normalwelt, welche laut Wolf schon vor der Bekanntschaft Isoldes in Tristan angelegt waren.[531] Auch Braunagel teilt Isolde eine maximale Dominanz bezüglich der inhaltlichen Steuerung des Romans zu:

> *Zwar ist die Liebe zwischen Tristan und Isolde umrahmt von Tristans Erlebnissen bevor er Isolde trifft und der Erzählung von Tristans Ehe mit der zweiten Isolde (Isolde Weißhand), aber die definitive Haupthandlung des Werkes liegt in der Liebesbeziehung Tristans mit der blonden Isolde*[532]

---

[528] V. 17442ff.
[529] Vgl. Maier-Eroms, 2007, S. 214
[530] Vgl. Mälzer, 1991, S. 193.
[531] Vgl. Wolf, 1989, S. 164.
[532] Braunagel, 2000, S. 118.

So führt Isoldes konsequente Weigerung, den Truchsessen zu heiraten, dazu, dass die Suche nach Tristan wieder aufgenommen wird. Der wahre Drachentöter ist schnell gefunden, doch der Königstochter gelingt es kurzerhand, dessen eigentliche Identität aufzudecken. Sie erkennt die Differenz erkennt zwischen dem, was er darzustellen beabsichtigt, einen armen Spielmann, und seinem herrlichen Äußeren, das für sie ein Zeichen für seine hohe Abkunft ist:

> *got hêrre, dû hâst ime gegeben*
> *dem lîbe ein ungelîchez leben.*[533]

Isolde setzt den fehlenden Splitter in Tristans Schwert ein, identifiziert Tristan als den Mörder ihres Onkels und erweist sich somit laut Mälzer als „Beobachterin und Erkennende, wohingegen die alte Isolde als aktiv Handelnde zeitweise außer Gefecht gesetzt ist"[534]. Wutentbrannt sinnt die junge Isolde zunächst auf Rache, lässt sich aber von ihrer Mutter und Brangäne eines Besseren belehren und gewährleistet mit ihrer Gnade Tristans Überleben. Auch als Tristan und Isolde den Minnetrank geleert haben, ist es die junge Irin, welche die Initiative ergreift und ihrem Geliebten in einem Wortspiel ihre Gefühle darlegt:

> *»lameir« sprach sî »daz ist mîn nôt,*
> *lameir daz swaeret mir den muot,*
> *lameir ist, daz mir leide tuot. «* [535]

An dieser Stelle, aber auch schon vorher bei der Entdeckung des Zusammenhangs zwischen dem Namen ‚Tantris' und ‚Tristan', werden Isoldes rhetorische Fähigkeiten, die ihr durchweg zu positiven Schicksalswendungen verhelfen, deutlich. Auch ihre Mutter zeichnet sich durch dieses Geschick aus, was sie eindrucksvoll in der Gerichtsverhandlung am irischen Hof unter Beweis stellt.

Generell führt Isolde zahlreiche Charaktereigenschaften ihrer Mutter fort. Vor allem in der „fremden und feindlich gesinnten Marke-Welt"[536] stellt sie Fähigkeiten unter Beweis, die auch die Mutter auszeichnen, „so daß anzunehmen ist, dass die junge Isolde entscheidend durch die Mutter geprägt ist"[537]. Mälzer stellt allerdings fest, dass Gottfried im Vergleich zu Thomas die öffentlich-politischen Aktionen, so also auch ihre verbale Dominanz am Gerichtstag, auf die alte Isolde übertragen hat, „vermutlich um die Handlungen der jungen Isolde

---

[533] V. 10030f.
[534] Mälzer, 1991, S. 115.
[535] V. 11986ff.
[536] Mälzer, 1991, S. 109.
[537] Ebd.

primär auf den Minnebereich zu konzentrieren"[538]. Dennoch wird deutlich, dass die blonde Isolde, je mehr die Handlung fortschreitet, zur „dominanten und handlungsbestimmenden Figur wird"[539].

8.2.2. Die Ermöglichung und Verschleierung der Minne

Ihr ausgeprägtes Potential an aktiver Beeinflussung der Handlung stellt die blonde Isolde vor allem dann unter Beweis, wenn es darum geht, ihre Liebe zu Tristan zu ermöglichen bzw. zu verschleiern. Dass das verliebte Paar am Marke-Hof einer Reihe von Problemen begegnet, ist für Ruh nicht erstaunlich, da die *ordo* der Feudalwelt durch die Tristan-Minne bedroht ist und die Protagonisten seit dem Liebestrank nicht mehr mustergültige Träger des konventionellen gesellschaftlichen Ideals, sondern schlicht Ehebrecher sind.[540]

Um der Wahrheit über das Verhältnis zwischen Tristan und seiner Frau auf den Grund zu gehen, legt Marke den beiden eine Reihe von Fallen. Isolde versteht es, mit raffinierten Gegenlisten die Intrigen am Hof abzuwehren und diese unwirksam zu machen. Zwar haben auch Tristan und Brangäne einen entscheidenden Anteil am erfolgreichen Verstecken der heimlichen Affäre, „doch ist es Isolde, die in kritischen Situationen sich und Tristan der Entdeckung des Ehebruchs entzieht"[541].

Zu berücksichtigen ist dabei, dass Gottfried diesen Listenreichtum nicht moralisch negativ beurteilt, sondern ihn als „ausschließlich defensives Mittel der Existenzverteidigung" ansieht, um eine „ideale Liebe gegen eine unzulängliche Gesellschaft zu verteidigen"[542]. Täuschungsmanöver scheinen für Isolde die einzige Möglichkeit darzustellen, um in der Marke-Welt überleben zu können.[543] Auch für Schulze-Belli und Dallapiazza ist Isoldes Verhalten absolut gerechtfertigt: „Betrug um Betrug, Täuschung um Täuschung, List um List, Anstiftung zum Mord, alles dient einzig und allein der Wahrung und Bewahrung der Liebe und des Liebesgeheimnisse"[544].

---

[538] Ebd. S. 113.
[539] Ebd. S. 178.
[540] Vgl. Ruh, 1977, 48f.
[541] Braunagel, 2000, S. 121.
[542] Mälzer, 1991, S. 153.
[543] Vgl. Ebd. 171.
[544] Schulze-Belli/Dallapiazza, 1990, S. 73.

8.2.3. Der Brautunterschub

Um ihre verlorene Jungfräulichkeit vor Marke, der zu diesem Zeitpunkt noch nichts von der Affäre seiner Angetrauten ahnt, zu verbergen, ersinnt Isolde *eine witze und einen list*[545]: Sie bittet ihre Zofe, die ihr anfangs noch als ‚Lehrmeisterin' ihrer Listen dient[546], sie in der Hochzeitsnacht mit Marke zu vertreten und diesem somit ihre Unschuld vorzuspielen. Gottfried versucht das verlogene Verhalten der Königin zu rechtfertigen:

> *alsus sô lêret minne*
> *durnehteclîche sinne*
> *ze valsche sîn vervlizzen,*
> *die doch niht sollten wizzen,*
> *waz ze sus getâner trüge*
> *und ze valscheit gezüge.*[547]

Der König bemerkt den Betrug nicht, auch als Isolde nach dem ersten Geschlechtsverkehr mit Brangäne die Rollen tauscht und dem Brauch entsprechend mit Marke das Weinglas erhebt.

Dies wirft ein sehr naives und oberflächliches Bild auf den Herrscher, für den Weib gleich Weib zu sein scheint. Braunagel bemerkt die ausgeprägte Souveränität in Isoldes Handeln: „Obwohl Tristan den Ablauf des Betrugs steuert und Brangaene als Mittel zum Zweck eingesetzt wird, ersinnt Isolde diese Liste ohne Hilfe [der beiden]"[548].

8.2.4. Die Marjodo-Episode

Marjodo, der selbst in Isolde verliebt ist, gibt Marke einen Hinweis auf die verdeckte Liebesgemeinschaft zwischen ihr und Tristan. Marke versucht daraufhin mit der Hilfe seines Hofbeamten, Isolde zu prüfen, woraufhin sich ein „erstes Spiel der List und Gegenlist"[549] zwischen den beiden entwickelt: *er rihtete unde leite mit einer kündekeite einen stric der küniginne und vienc si ouch dar inne*[550].

Nach anfänglichen Startschwierigkeiten versteht es Isolde immer besser, Marke in die Irre zu führen, was auch den Ratschlägen Brangänes zu verdanken ist. Als Marke seine Gemahlin fragt, von wem sie in seiner Abwesenheit betreut werden möchte, bringt diese ihre scheinbare

---

[545] V. 12437.
[546] Vgl. Braunagel, 2000, S. 121
[547] V. 12447ff.
[548] Braunagel, 2000, S.122.
[549] Ebd.
[550] V. 13679ff.

Unsympathie gegenüber Tristan zum Ausdruck und gibt vor, lieber mit Marke kommen zu wollen, als unter der Aufsicht seines Neffens zu stehen. Isolde kann durch ihr geschicktes Lügenspiel die Zweifel Markes an der Treue seiner Ehefrau schließlich ausräumen. Dennoch verurteilt Gottfried ihr Verhalten nicht, sondern rückt stattdessen den Argwohn des intriganten Markes in ein negatives Licht:

> *wan nieman ist mit liebe wol*
> *an dem er zwîvel treit.*
> *so ist aber noch sêrre missetân,*
> *swer sô den zwîvel unde den wân*
> *ûf die gewisheit bringet*[551].

Trotz der listigen Verschlagenheit von Isolde und Marke fällt auf, dass „beide Parteien nur mit Hilfe ihrer jeweiligen Helfer [...] erfolgreich taktieren können. [...]"[552]. Die Königin scheitert in beiden Runden, in denen sie ohne Brangänes Rat allein auf sich gestellt agiert."[553] Die alleinige Handlungskompetenz scheint Isolde erst im weiteren Verlauf der Listen und Gegenlisten auszubilden, was sich schließlich in der ersten Baumgartenszene verdeutlicht.

8.2.5. Die erste Baumgarten-Szene

Nachdem Melot Marke überredet hat, der geplanten Begegnung zwischen Tristan und Isolde im Baumgarten beizuwohnen, um sich von deren betrügerischer Liebschaft zu überzeugen, verstecken sich die Männer im Ölbaum, sodass sie das Geschehen von dort aus überblicken und belauschen können. Als Tristan den Baumgarten betritt, erkennt er sofort der *vâre und der lâge dâ*[554] und gibt Isolde durch seine Zurückhaltung zu verstehen, dass sie beobachtet werden. Diese versteht sofort die Botschaft des Geliebten und modifiziert ihre Worte dementsprechend. In einer Art „Scheingespräch"[555] klagt sie über die am Hof kursierenden Gerüchte und verdeutlich „unmissverständlich ihre emotionale Distanz zu Tristan"[556], wodurch sie wiederum ihr rhetorisches und schauspielerisches Talent unter Beweis stellt. Isolde empfiehlt Tristan, von seinen Heimlichkeiten abzusehen:

> *daz ir iuwer êren huotet*
> *wieder iuwern oeheim unde mich,*
> *diu rede vüegete sich*

---

[551] V. 13795ff.
[552] Mälzer, 1991, S. 169.
[553] Ebd.
[554] V. 14636.
[555] Ruh, 1980, S.220.
[556] Braunagel, 2000, S. 123.

> *und stünde iuwern triuwen baz*
> *und mînen êren danne daz,*
> *daz ir sô spaetiu teidinc*
> *und sus getânen haelinc*
> *ûf leget und ahtet her ze mir.*[557]

Braunagel betont vor allem Isoldes bemerkenswerte Eigenständigkeit in dieser Szene:

> *Obwohl zu Beginn der Szene die Initiative noch bei Tristan lag, wechselt der aktive Part, sobald es zum Scheindialog kommt, sofort zu Isolde. Sie ist es, die das Gespräch dominiert und die mehrdeutigen Sentenzen ausspricht. Tristan ist nun nur noch in der Rolle des Reagierenden.*[558]

Mit den „mehrdeutigen Sentenzen"[559] ist unter anderem Isoldes Gebrauch der doppeldeutigen Rede[560] gemeint, welche nach folgendem Schema funktioniert: Es gilt für eine gegebene Situation eine unverfängliche Rechtfertigung zu finden und sie gleichzeitig für ein allgemeines Ziel zu nutzen. Isolde will sich für ihr Treffen mit Tristan rechtfertigen und gleichzeitig die Lauscher von ihrem Verdacht abbringen. Sie schwört bei Gott, nur einen Mann zu lieben. Während Marke diese Aussage auf sich bezieht und wieder besänftigt wird, weiß Tristan genau, dass Isolde in Wahrheit ihn meint:

> *und gihe's ze gote, daz ich nie*
> *ze keinem manne muot gewan*
> *und hiute und iemer alle man*
> *vor mînem herzen sint verspart*
> *niwan der eine, dem dâ wart*
> *der êrste rôsebluome*
> *von mînem magetuome.*[561]

Für Hollandt macht die erste Baumgarten-Szene deutlich, dass es sich bei Isolde und Tristan nicht um hochmütige und selbstsichere Intriganten handelt, sondern um Liebende, die sich in einer prekären Situation befinden und diese erfolgreich meistern.[562] Damit dürfte die Autorin auch Gottfrieds Ansicht entsprechen, der diese schon mehrmals hat verlautbaren lassen.

Mit ihrem Täuschungsmanöver besticht Isolde durch einen ähnlichen Scharfsinn wie in der Identifizierung Tristans wahrer Identität. „Sie hat nun jedoch nicht mehr die Möglichkeit, sich an die Mutter oder Brangäne als Beraterin zu wenden, doch ist das auch nicht mehr nötig."[563] Isoldes Emanzipation und Selbstständigkeit kann jetzt nicht mehr bestritten werden. Der Meineid, den Isolde leistet, deutet bereits auf das folgende Gottesurteil hin.

---

[557] V. 14722.
[558] Braunagel, 2000, S. 124.
[559] Ebd.
[560] Vgl. Hollandt, 1966, S. 128.
[561] V. 14760ff.
[562] Vgl. Hollandt, 1966, S. 130.
[563] Mälzer, 1991, S. 180.

8.2.6. Das Gottesurteil

Hier zeigt sich laut Braunagel Isoldes Ideenreichtum und ihre Fähigkeit, „eine Situation bzw. einen Dialog förmlich zu inszenieren" [564] am deutlichsten.

Als Marke nach der Mehlstreu-Episode erneut misstrauisch wird, fordert er auf Anraten seiner Fürsten die Einberufung eines Konzils und die Überprüfung der Schuldlosigkeit der Isolde durch das Gottesurteil. Isolde ist bereit, sich dem glühenden Eisen zu stellen, doch nicht ohne ihren Schwur im Vorfeld geschickt geplant zu haben. Als vermeintlicher Pilger soll Tristan, der sich bei diesem Vorhaben in passiver Manier den Worten seiner Geliebten fügt, Isolde an Land tragen, woraufhin er auf ihren Befehl zu Boden stürzt. Isolde rechtfertigt damit ihr Unvermögen, nun nicht mehr beweisen zu können, lediglich in Markes Armen gelegen zu haben. Sie passt den Wortlaut ihres Eides in dem nun folgenden Gottesurteil ihrer Situation an:

> *vernemet, wie ich iu sweren will:*
> *daz mînes lîbes nie kein man*
> *dekeine künde nie gewan*
> *noch mir ze keinen zîten*
> *weder ze arme noch ze sîten*
> *âne iuch nie lebende man gelac*
> *wan der, vür den ich niene mac*
> *debieten eit noch lougen,*
> *den ir mit iuwern ougen*
> *mir sâhet an dem arme,*
> *der wallaere der arme.*[565]

Da sie mit ihrem Schwur, nur in den Armen Markes und des Pilger gelegen zu haben, die Wahrheit spricht, fügt ihr das heiße Eisen kein Leid zu. Statt Isoldes Intrige als zweifelhaft zu bewerten, fühlt sich Gottfried zu einer sublimen Gotteskritik veranlasst. Bezüglich Christus ist er demnach folgender Meinung:

> *Er vüeget unde suochet an,*
> *dâ man'z an in gesuochen kan,*
> *alse gevuoge und alse wol,*
> *als er von allem rehte sol.* [566]

Isoldes Verhalten stellt der Straßburger lediglich als „Gegenreaktion auf das zerstörerische Mißtrauen Markes und die intriganten Spione des Hofes"[567] dar. Dies wird auch daran

---

[564] Braunagel, 2000, S. 124.
[565] V. 15706.
[566] V. 15737ff.
[567] Braunagel, 2000, S. 26.

deutlich, dass Gottfried die junge Königin zum ersten Mal als *diu wol gesinne, die gesinne küniginne*[568] bezeichnet, womit er ihre intellektuelle Raffinesse in der Szene ihres ersten „öffentlichen Alleingang[s]"[569] noch einmal unterstreicht. Mälzer teilt diese Einschätzung:

> *Inzwischen [...] gelingt es Isolde, mit detaillierter Planung und vorausschauendem Geschick, die patriarchalen Rechtsgrundsätze zu umgehen, ohne Verdacht zu erregen oder ihr Ansehen in der Gesellschaft aufs Spiel zu setzen.*[570]

Hollandt erinnert aber daran, dass Isolde die schwierige Situation keineswegs ganz und gar alleine meistert. Vielmehr hilft ihr auch in diesem Fall eine weitere Instanz, ihre Liebe zu Tristan zu verschleiern, nämlich Gott selbst, der sie vor der Verletzung durch das glühende Eisen bewahrt. Trotzdem stimmt sie mit Gottfrieds Religionskritik überein: „Isoldes Verhalten macht auf exemplarische Weise deutlich, welche Untaten man unter Berufung auf Gottes Autorität und mit seiner Billigung ungestraft begehen kann"[571].

Abschließend lässt sich feststellen, dass Gottfried Isolde zwar als raffinierte und listenreiche Frau darstellt, ihr Verhalten aber diesbezüglich nicht verurteilt, sondern es vor dem Hintergrund der Divergenz von Marke-Welt und Tristan-Minne als gerechtfertigt bewertet. Es ist demnach Isoldes Pflicht, ihre Liebe zu Tristan, welche Gottfried in seinem neuen Minneentwurf propagiert, zu ermöglichen und zu verheimlichen. Der Dichter lässt seine Protagonistin für die in seinem Sinne einzig wahre Liebe kämpfen, wobei er die gesellschaftlichen Erwartungen, die von außen an das Paar herangetragen werden, als Hindernis für das Zustandekommen dieser Gemeinschaft ansieht. Durch die beseelende Wirkung der Tristan-Minne beflügelt, versucht Isolde diese Hindernisse aus dem Weg zu räumen, wobei ihr der Dichter hie und da auch den Griff zu unlauteren Mitteln zugesteht. Im Bereich der Minne herrscht [für Gottfried] eine autonome Ethik"[572], so Scherer.

Dennoch kann Isolde die Tristan-Minne nicht durchsetzen: „Die Zweifel Markes initiieren einen circulus vitiosus von Listen und Gegenlisten, der sich zu einer Schraube entwickelt, die alle Beteiligten peu à peu in den Untergang zieht"[573].

---

[568] V. 15469f.
[569] Mälzer, 1991, S. 184.
[570] Ebd. S. 185.
[571] Hollandt, 1966, S. 134.
[572] Scherer, 1899, S. 169
[573] Mälzer, 1991, S. 172.

8.2.7. Isolde als Mittel der Gesellschaftskritik

In Isoldes Darstellung als von Herzen liebende Frau, die für ihre Gefühle und die Gemeinschaft mit dem Geliebten kämpft, dennoch aber verheiratet ist, personifiziert Gottfried seine Kritik an der höfischen Feudalgesellschaft um 1200.

Zunächst wird dies an der Illustration der Marke-Figur deutlich. Der König wird als Herrscher dargestellt, der von seinen Sinnen ganz und gar eingenommen ist. Für ihn spielt lediglich Isoldes außerordentliche Schönheit eine Rolle, was seine Fixierung auf ihre Körperlichkeit annehmen lässt. Auch die Gegebenheit, dass Marke es nicht bemerkt, dass er in der Hochzeitsnacht mit Brangäne statt Isolde schläft, lässt sein Desinteresse am Wesen seiner Angetrauten vermuten. Vielmehr zählt für ihn mehr die körperliche Erfahrung. Gottfried kommentiert diese Szene mit der Bemerkung über seine Verwunderung darüber, dass Marke sich *mit sô schoene messinc* statt *vür guldîniu teidinc*[574] zufrieden gibt. Der Herrscher scheint keinen Unterschied zwischen den Frauen zu erkennen. „Ihm fehlt die feinsinnige, künstlerische Ader, die Tristan und Isolde auf eine gemeinsame Stufe stellt und sie verbindet, und insofern auch ein ‚inneres Recht' auf Isolde"[575]. Dass Gottfried Markes Verhalten an dieser Stelle so negativ bewertet, lässt darauf schließen, dass ihm die Herrscherfigur als Verkörperung der Doppelmoral und Oberflächlichkeit der höfischen Werte und Tugenden, die für den Dichter nichts anderes als sinnentleerte Worthülsen sind, dient.

Auch Tristans und Isoldes Konflikt mit diesen Wertvorstellungen und die gleichzeitige Sympathie des Dichters mit dem Liebespaar, zeugt von seinen Zweifeln am höfischen Tugendkatalog.

Nicht nur Markes oberflächliche Gefühle zu Isolde spiegeln Gottfrieds Adelskritik wider, sondern auch sein Verhalten in der Gandin-Episode, in welcher der Herrscher dem irischen Baron unüberlegt alles gewährt, was dieser fordert. Weil Gandin nicht mehr und nicht weniger will als *niwan Isote al eine*[576], muss Marke ihm diesen Wunsch erfüllen und Isolde geht rechtskräftig in Gandins Besitz über.[577] Mälzer kommentiert die Demontage der Marke-Figur folgendermaßen: „Marke scheitert hier nicht nur als Herrscher, der einen überspannten

---

[574] V. 12607.
[575] Nagel, 1977, S. 609.
[576] V. 13220.
[577] Vgl. Mälzer, 1991, S. 165.

Rechtsanspruch nicht abzuwehren weiß, sondern er scheitert auch als Ehemann, der seine Gemahlin nicht zu schützen vermag"[578].

Indem Gottfried Markes Schwäche und Feigheit betont, weist er gleichzeitig auf die Erstarrung feudaler Tugenden hin, „denn Markes Versuch und seine größte Sorge, sein soziales Prestige und seine königliche *êre* aufrechtzuerhalten, indem er ein gegebenes Versprechen einlöst, hat sich ins Gegenteil verkehrt. Tristan dagegen, der Isolde mithilfe einer List befreien kann, geht als alleiniger Sieger dieser Episode vor, weswegen er auch die Liebe der Prinzessin, die ganz im Sinne Gottfrieds konzipiert ist, verdient hat.

Ein weiteres Beispiel für eine unzulängliche Männerfigur ist der Truchsess, der versucht, durch einen Betrug Isolde zur Frau zu bekommen. Nachdem er eine angeblich von ihm durchgeführte Drachentötung inszeniert hat, sieht er sich als rechtmäßiger Eigentümer der jungen Irin an. Durch die Aufdeckung seiner Lüge vor Gericht wird somit auch „das bislang unangefochtene feudalmännliche Ethos"[579] in Frage gestellt. Es kommt nicht nur zu einer Entlarvung der Klischeehaftigkeit des Ritterwesens, sondern auch zur Demontage der konventionellen Konzeption einer käuflichen Minne, welche die Frau zum Besitz- und Tauschobjekt degradiert.[580]

Letztendlich übt Gottfried also Kritik an der höfischen Gesellschaft, indem er die Liebe zwischen Tristan und Isolde als Abweichung zur üblichen Minneauffassung darstellt und zusätzlich die Scheinmoral der mittelalterlichen Hofwelt enthüllt.

8.2.8. Isolde als Verkörperung von Gottfrieds neuer Minnekonzeption

Durch die Entlarvung höfischer Missstände einerseits und die Darstellung Isoldes als ideale Liebende andererseits, gelingt es Gottfried, seine eigene Ansicht über die höfische Welt und die Konzeption der Liebe in das Epos einfließen zu lassen.

Speziell in der Figur der Isolde, die Tristan bis zum Tode treu bleibt, finden die verschiedenen Aspekte dieser Liebeskonzeption, Gottfrieds utopischer Gegenentwurf einer „primär individuumsbezogenen Minneethik"[581], ihre Erfüllung. Der Höhepunkt der Realisierung der

---
[578] Ebd.
[579] Ebd. S. 167.
[580] Vgl. Mälzer, 1991, S. 165.
[581] Tomasek, 1985, S. 84.

Tristan-Minne vollzieht sich in der Minnegrotte, welche die „Loslösung von der Gesellschaft und eine absolute Erfüllung in der rechten Minne"[582] bedeutet. Angesichts der gesellschaftlichen Schranken der höfischen Normenwelt und der Einrichtung der *huote* kann diese Liebe allerdings nur zeitweise gelebt werden.

Die Liebeskonzeption besticht außerdem durch die Ranggleichheit ihrer Partner und der Ablehnung der Auffassung der Frau als Besitz- und Tauschobjekt. Tristan verkörpert zudem das Ideal eines Mannes, der auf die weibliche Selbstverwirklichung bedacht ist, was daran erkennbar wird, dass er als Isoldes Lehrer fungiert und ihn die Liebe zur Musik mit ihr verbindet. Marke dagegen vertritt den sinnlich-begierigen Mann, welcher der geschlechtlichen Komponente der Liebe den größeren Wert beimisst und mehr auf Äußerlichkeiten konzentriert ist. Gottfried grenzt also die Tristan-Minne klar von der von Marke repräsentierten Welt ab.

Dass der Dichter Isolde als Mittel zur Darstellung seines Minneideals einsetzt, wird besonders in der Illustration der zweiten Baumgartenszene deutlich, in der die Liebenden nach ihrer Entdeckung durch Marke in zwei Monologen Abschied voneinander nehmen. Marke verlängert im Gegensatz zu der Vorlage von Thomas von Bretagne die Szene um mehr als das Doppelte, den Monolog der Isolde sogar um das Fünffache[583], um seine Liebeskonzeption zu veranschaulichen und vor allem an Isolde zu exemplifizieren.

Diese stellt „ohne Verklärung diese doch vollkommene Beziehung dar, die aus den beiden Partnern eine untrennbare Wesenseinheit gemacht hat"[584]. Sie verspricht, dass sich in ihrem Herzen nie jemand anderes befinden wird als Tristan, ihrem *lîp und leben*[585]. So sichert sie ihm lebenslange Treue und Liebe zu, wobei sie einen Ring als Pfand einsetzt. Isolde mahnt Tristan, sie nicht um einer anderen Willen zu vergessen, betont aber gleichzeitig, dass dieser Hinweis *âne nôt*[586] ist, da sie immer *ein herze unde ein triuwe*[587] bleiben werden – auch im Falle einer räumlichen Trennung. Sie bittet ihn außerdem, sich am Leben zu halten, da ihre eigene Existenz mit seiner untrennbar verbunden ist: *ein lîp, ein leben daz sîn wir*[588]. Hier akzentuiert die Königin die Verschmelzung ihrer beiden Wesen zu einer Person. „In dieser

---

[582] Mälzer, 1991, S. 197.
[583] Vgl. Braunagel, 2000, S. 128.
[584] Ebd. S. 129.
[585] V. 18297.
[586] V. 18328.
[587] V. 18331.
[588] V. 18346.

transzendent angelegten Synergie zweier Einzelwesen, die als ein vollkommenes Ganzes zu ihrer eigentlich vorbestimmten Existenz in der Minne gelangt sind, manifestiert sich Gottfrieds Minneideal"[589]. Außerdem verzichtet die Irin in altruistischer Weise auf Tristan und lässt ihn ziehen. Durch diese „mariagleiche Leidensbereitschaft [...] und vor allem die Nächstenliebe (,caritas')"[590] ist Isolde, als Vertreterin dieses neuen Minnekonzepts, Tristan, der sich letztendlich nicht an die propagierte *staete*[591] hält, moralisch überlegen.

Schließlich endet Isolde mit dem Hauptgedanken der Gottfried'schen Minneauffassung, der Wahrung der gegenseitigen Treue bis in den Tod, welcher durch einen Kuss besiegelt wird:

> *dirre kus sol ein insigel sîn*
> *daz ich iuwer unde ir mîn*
> *belîben staete unz an den tôt,*
> *niwan ein Tristan und ein Îsot.*[592]

Braunagel bemerkt, dass Isolde ihre Liebe zu Tristan als „untrennbare und überdauernde Einheit"[593] darstellt, was sie auf der verbalen Ebene durch die vermehrt auftretende Verwendung der ersten Person Plural „wir" veranschaulicht[594].

Gottfried entwirft also die Konzeption einer Liebe, die sich auszeichnet durch die lebenslange Treue und Beständigkeit der Partner, deren Verschmelzung zu einer Person, einer altruistischen Bereitschaft zur Selbstaufopferung und der Hinwendung zur ,caritas', was er an Isolde durchaus darzustellen vermag. Er schafft somit in ihrer Figur eine in seinen Augen ideale Liebende. Isolde wird zur Künderin einer neuen Liebesauffassung, die die archaisch-mythische sowie auch die antike übertrifft[595].

8.2.9. Isolde als Spiegelfläche Tristans

Sosna erweitert den Komplex der Funktionen Isoldes für die Handlung mit einem Aspekt aus dem Blickwinkel Tristans: Durch sie nämlich erlangt er die „Spiegelung im ,Du'"[596], welches die dritte Komponente neben der Konfrontation mit der Gesellschaft am Hof Markes (Spiegelung im ,Ihr') und der intra-individuellen Spiegelung zwischen Tristan und Tantris (Spiege-

---

[589] Braunagel, 2000, S. 137.
[590] Ebd. S. 139.
[591] V. 19357.
[592] V. 18254ff.
[593] Braunagel, 2000, S. 129.
[594] Vgl. Wapnewski, 1964, S. 356.
[595] Vgl. Hahn, 1963, S. 128.
[596] Vgl. Sosna, 2003, S. 256.

lung im ‚Ich') darstellt. Isolde leistet somit einen wichtigen Beitrag zu Tristans Identitätsbildung.

Mit dem Leeren des Minnetranks ist der wichtigste Schritt zur Veränderung des zunächst negativen Verhältnisses zwischen Tristan und Isolde getan. Durch den *tranc von minnen*[597] kommt es zur „völligen Verschmelzung zweier Individuen auf existenzieller Basis"[598]. Tristan und Isolde stellen nun eine emotionale Einheit dar und treten in den gegenseitigen Spiegelungsprozess ein. Bei Isoldes Liebesgeständnis wird Tristan schließlich – gleich einem Spiegelbild – mit seinem eigenen Verhalten konfrontiert: „Die in seinen Lügen und Listen enthaltene Mehrdeutigkeit findet nun im Wortspiel um *l'ameir*[599] Anwendung auf ihn selbst, womit sich Isolde als gleichrangige Interaktionspartnerin herausstellt"[600]. Mit dem Sexualakt wird der verbalen Interaktion schließlich die Komponente der nonverbalen Kommunikation hinzugefügt. Die Verschmelzung der Liebenden erfolgt nun auch körperlich. Sosna spricht von „weitreichenden Folgen"[601] für Tristans „Identitätsgenese", da dessen Handlungsmotivation nun auf Isolde ausgerichtet ist. Dies führt unweigerlich zu Problemen in der Vereinbarung Tristans Interaktion mit dem Hof einerseits und seinem Verhalten in der Paarbeziehung andererseits: Es kommt zu Lügen, Intrigen und Versteckspielen.

Allein in der Minnegrotte sind die Liebenden frei von Verfolgung und Argwohn, da sie sich hier auf eine Handlungsrolle, nämlich die der Liebespartner, beschränken und konzentrieren können. Die Aufspaltung des eigenen Ichs muss nicht mehr vollzogen werden, da es keine Interaktion mit der Gesellschaft mehr gibt. Tristan und Isolde widmen sich „ausschließlich dem lebensnotwendig gewordenen ‚Du', das alle Bindungen nach außen ersetzt und zur einzigen Existenzquelle wird"[602]. Auch Mälzer spricht an dieser Stelle von einer „kurze[n] Periode der absoluten Erfüllung im paradiesischen *wunschleben*", in dem Isolde ihre volle Ausstrahlungskraft entfaltet.

Als die Interaktion zwischen den beiden nach Tristans Flucht vom Marke-Hof schließlich abbricht, ist auch die gegenseitige Spiegelung nicht mehr gegeben.

---

[597] V. 11435.
[598] Ebd. S. 258.
[599] V. 11985ff.
[600] Vgl. Sosna, 2003, S. 260.
[601] Ebd. S. 261.
[602] Sosna, 2003, S. 269.

Führt man Sosnas Argumentation konsequent zu Ende, müsste allerdings auch Isolde einen Ersatz für die Spiegelung im ‚Du' suchen. Diese scheint die emotionale Nähe zu ihrem Geliebten jedoch aufrechterhalten zu können, während Tristan sich von seiner Partnerin löst und die Spiegelung in einer anderen Frau, in Isolde Weißhand, zu erreichen versucht.

8.2.10. Fazit zur Funktion Isoldes im epischen Gefüge

Als Geliebte des Protagonisten ist die blonde Isolde die weibliche Hauptträgerin der Handlung. Sie bestimmt nicht nur aktiv den Verlauf des Romans, sondern verhindert auch die Aufdeckung ihrer geheimen Liebe zu Tristan. Zunächst noch kindlich-naiv und von ihrer Zofe Brangäne unterstützt, entfaltet Isolde bald ihr Maximum an Handlungspotential und ähnelt damit ihrer Mutter, der irischen Königin. „Sie unterstellt [schließlich] ihre gesamten Aktionen, ihre Intelligenz und ihr Geschick bedingungslos dem Ziel, ihr Minneschicksal zu leben"[603].

Als Gottfrieds exemplarisches Beispiel für eine ideale Liebende, welche gemäß seiner Minnekonzeption dem Geliebten bis zum Tode treu bleibt und sich ihm aufopfert, erfüllt sie deshalb seine Intention ihrer Figurenausgestaltung. Trotzdem begeht Isolde auch Taten, die auch in diesem Kontext nicht zu rechtfertigen sind und sie nicht komplett schuldlos bleiben lässt, wozu beispielsweise der versuchte Mord an Brangäne gehört.

Anhand Isolde erreicht Tristan die dritte Stufe seiner Spiegelung, seine Spiegelung im ‚Du', welche ihm nicht nur zur Identitätsbildung gereicht, sondern fortan auch sein Handeln bestimmt. Zudem verdeutlicht Gottfried an ihrer Figur seine Zweifel bezüglich der Legitimität höfischer Normen und Konventionen. Seine Kritik treibt er dadurch auf die Spitze, dass er die Ehe, als unfreiwillig geschlossenes Bündnis, als Nährboden für die wahre Liebe ausschließt. Da die Liebesgeschichte zwischen Tristan und Isolde dennoch scheitert, propagiert der Dichter keine Gemeinschaft in radikaler Abwendung von der Gesellschaft, sondern bleibt in den Grenzen des mittelalterlichen Erwartungshorizonts, gemäß dem die Liebe nur in Einklang mit dem Umfeld funktionieren kann.

Dennoch gilt das Lob des Dichters Isolde, da sie an der Aufrichtigkeit ihrer Liebe zu Tristan keinen Zweifel lässt: „Schon früh wird klar, dass in Gottfrieds Werk allein die Frau diesen

---

[603] Mälzer, 1991, S. 148.

Kriterien der *edelen herzen* gerecht wird, der Mann aber zum Schluß von ihnen abfällt"[604] Mälzer bringt das Wesen Isoldes entgegen Gottfrieds Einschätzung auf den Punkt: „Kein weibliches Ideal – sondern Mensch, liebende Frau".[605]

8.3. Isoldes Wirken vor dem Erwartungshorizont des Mittelalters

Schon in Anbetracht Isoldes Elternhaus wird klar, dass es sich bei der irischen Prinzessin um eine erstaunlich autonome junge Frau handelt: Die Mutter ist eine einflussreiche Herrscherin, die sich in ihrer Handlungsmacht nicht von ihrem Mann einschränken lässt, selbstbewusst und offensiv auftritt. Dieser Aktivismus wirkt sich auch auf die Erziehung Isoldes aus, die viele der Charaktereigenschaften ihrer Mutter übernimmt. Ihr Selbstbewusstsein wird deutlich, als sie sich gegen die ungewollte Verheiratung mit den Truchsessen wehrt:

»nein zwâre« sprach diu junge Îsôt
»durch alsô maezlîche nôt
enwil ich niemer veile sîn. «[606]

8.3.1. Isolde als Erbin der emanzipatorischen Anteile der Mutter

Freilich mindert der Minnetrank Isoldes Handlungsfreiheit und ihre Bedenken um die höfische Ehre, da sie jetzt vollständig von ihren Emotionen abhängig ist. Dennoch ist sie „in Bezug auf ihr handlungslenkendes Potential [...] in vielen Szenen sogar exponierter dargestellt als ihr männlicher Partner.[607]" Sie ist Tristan nicht untergeordnet, sondern wird als gleichberechtigter Partner dargestellt. „Vielmehr herrscht hier das Wechselspiel eines ständigen Gebens und Nehmens einer Partnerschaft vor, die auf Affinität, Verständnis, gegenseitiger Unterstützung und Inspiration basiert[608]". Dies zeigt sich zum Beispiel in der ersten Baumgartenszene, in der, sobald es zum Scheindialog kommt, der aktive Part sofort zu Isolde wechselt.[609] Ihr Spezialgebiet ist die Rhetorik, wodurch sie sich geschickt aus den

---

[604] Dallapiazza, 1995, S. 180.
[605] Mälzer, 1991, S. 230.
[606] V. 9853.
[607] Braunagel, 2000, S. 119.
[608] Mälzer, 1991, S. 101.
[609] Vgl. Ebd. S. 124.

Intrigen Markes zu befreien weiß. Generell fällt auf, dass sie eine immer größere Unabhängigkeit von ihren Beratern Brangäne und Tristan entfaltet.[610]

8.3.2. Die andere Seite: Isoldes Normenkonformität

Dennoch hat Isolde am irischen Hof eine typisch weibliche Unterhaltungsfunktion inne. Sie entzückt die Zuschauer mit ihrer höfischen Kunst und ihrem feinem Anstand und trägt so zur Mehrung der *vröude*[611] bei. Diese Fähigkeiten und Eigenschaften sind ihrer vorzüglichen Ausbildung zu verdanken, die sie zunächst von ihrer Mutter und später von Tristan erhält. Selbst für adelige Töchter ist das hohe Maß ihrer intellektuellen Sozialisation eine Seltenheit. „Sie wird dabei allerdings auch zum Objekt degradiert, dem die Gesellschaft die Aufgabe zuweist, ihre ethischen Werte zu repräsentieren und zu propagieren"[612].

Womöglich ist gerade die intensive Ausbildung in der *moraliteit* der Grund dafür, warum sie trotz ihrer Emanzipiertheit auf die Einhaltung höfischer Normen bedacht ist. So fürchtet Isolde eine mögliche Entehrung der Mutter, als diese Widerstand gegen den Hochzeitsanspruch des Truchsess leistet:

> *»â muoter« sprach diu schoene*
> *»vrouwe, niene gehoene*
> *dîne geburt unde dich!*[613]

Auch im Rahmen der Hochzeitsüberlegungen Markes wird sie auf ein reines Verhandlungs- und Strategieobjekt degradiert[614], das keinen Einfluss auf die Wahl seines Ehemannes hat. Mälzer überlegt hier, ob Gottfried gerade damit eine Kritik an der Problematik feudaler Eheschließungspraxis und deren reiner Zweckgerichtetheit intendiert[615]. Isoldes Passivität und Objekthaftigkeit werden auch in der Gandin-Episode deutlich, als es diesem gelingt, seinen Anspruch auf Isolde durch eine List zu erreichen. Als Isolde die Täuschung des Brautunterschubs ersinnt, erkennt sie das mittelalterliche Vorrecht der „defloratio"[616] vorbehaltlos an.

In diesen Punkten entspricht die blonde Isolde den mittelalterlichen Normvorstellungen, was hinsichtlich ihrer andererseits sehr modernen Konzeption zunächst verwundert.

---

[610] Vgl. Ebd. S. 190.
[611] V. 8034ff.
[612] Mälzer, 1991, S. 94.
[613] V. 9285.
[614] Vgl. Mälzer, 1991, S. 103.
[615] Vgl. Ebd. S. 128.
[616] Ebd. S. 150.

8.3.3. Verführerische Eva oder heilige Maria?

Isolde vereint nicht nur emanzipatorische Tendenzen mit zeitgenössisch-konformen Charakterzügen, auch hinsichtlich ihrer Zuordnung zum misogynen Frauenbild der Eva bzw. zum hochstilisierten Typus der heiligen Maria, bleibt der Leser im Ungewissen.

Dass Gottfried die erotische Ausstrahlung Isoldes deutlich akzentuiert, deutet zum einen seine Absage an das traditionelle, höfische Frauenbild an, „welches die Frau des Öfteren in einer Rolle darstellt, in der sie ihre wahren Gefühle zu negieren hat"[617]. Diese Konzeption rückt die blonde Isolde eher in die Nähe der Eva-Figur. Auch ihre Normverstöße, die aus ihrem häufig irrationalen und unreflektierten Verhalten resultieren, sprechen für diese Annahme. Isolde handelt nämlich nicht gemäß der höfisch-tradierten Norm, sondern entsprechend der Maxime, die aus ihrer Liebe zu Tristan erwächst.

Genau diese Gegebenheit macht auch eine Zuordnung zur heiligen Maria plausibel. Gottfried unterstreicht überdies mehrmals die unzerstörbare Treue, die Isolde ihrem Geliebten entgegenbringt. Er stilisiert sie zur idealen Liebenden, die sich kurz vor Abbruch des Fragments aus Nächstenliebe für Tristan aufopfert, was dem Bild der gütigen Gottesmutter entspricht.

Die Zuordnung Isoldes zu einem eindeutig negativen bzw. eindeutig positiven Frauenbild kann also nicht ohne weiteres erfolgen. Für Braunagel stellt dies jedoch keine Schwierigkeit dar. Er sieht in der „Gegenüberstellung gegensätzlicher Grundveranlagungen"[618] den wahren Kern der idealen Liebenden gemäß der Tristan-Minne. Ein Argument, das für diese These spricht, ist die Abwesenheit einer expliziten Schuldzuweisung durch Gottfried. Mälzer betont außerdem, dass durch Isoldes lebenslange Treue das „biblische Klischee von der Schwachheit der Frau und dem angeblich stärkeren sinnlichen Verlangen der Evastöchter widerlegt [...]"[619] ist.

---

[617] Ebd. S. 119f.
[618] Braunagel, 2000, S. 139.
[619] Mälzer, 1991, S. 236.

8.3.4. Der kalkulierter Einsatz mittelalterlicher Stereotype

Bisher konnte festgestellt werden, dass Isolde sich in dem Spannungsfeld zwischen modernen Emanzipationstendenzen und tradierten Weiblichkeitsvorstellungen bewegt. Dass die junge Königin diesen Konflikt aber bewusst einsetzt, um ihren Willen durchzusetzen, wird in der Szene deutlich, in der sie Marke ihre Verzweiflung über seine baldige Abwesenheit vom Hof vorspielt. Isolde schlüpft in die Rolle der schwachen, verzweifelten Ehefrau, die auf ihren Gatten angewiesen ist. „So bezieht Isolde als Erklärung für ihr Verhalten subtil auch konventionelle misogyne Klischees in ihre Argumentation mit ein"[620]:

> *man sprichet von den vrouwen daz,*
> *si tragen ir manne vriunden haz.*[621]

Isolde schlägt Marke mit seiner veralteten Sicht auf die Stellung der Frau im Mittelalter und seinem „konventionellen patriarchalen Rollendenken"[622]. Sie wirkt letztlich so glaubhaft auf ihn, dass Marke von seinem Verdacht gegenüber Tristan und Isolde ablässt.

Selbigem Verhalten Isoldes begegnet der Leser auch in der Gottesurteil-Episode. Wieder versteht es die Königin, feudal-patriarchalische Klischees zu ihrem Vorteil einzusetzen, indem sie sich völlig dem Willen des Rates unterwirft und auf ihre Hilflosigkeit in einem fremden Land aufmerksam macht:

> *durch daz ich bin ellende*
> *und endarf hie niender vrâgen*
> *nâch vriunden noch nâch mâgen.*[623]

Erneut gelingt es Isolde, Mitleid zu erregen und Marke, der seine offensichtlich so treue Frau dermaßen anzweifelt, in ein schlechtes Licht zu rücken.

8.3.5. Fazit zum Vergleich Isoldes mit dem mittelalterlichen Frauenbild

Wirft man einen Blick auf die Gesamtheit der Aspekte, die Isoldes Verhalten als konform zum mittelalterlichen Erwartungshorizont erscheinen lassen, bzw. eine Abweichung von diesem darstellen, so kommt man zu keinem eindeutigen Ergebnis. Fakt ist, dass Isolde beide Anteile in sich vereint: Sowohl die Verhaltenstendenzen eines modernen Frauenbildes als

---

[620] Ebd. S. 170.
[621] V. 13987f.
[622] Mälzer, 1991, S. 170.
[623] V. 15494.

auch die Charakterzüge einer Herrschertochter, die sich der Feudalgesellschaft anpasst. Mälzer sieht dies in der Stofftradition und in der Überlappung verschiedener soziokultureller Strukturen begründet.[624]

Die Thematik des Tristanromans allein, nämlich der Ehebruch einer Königin, zeugt jedoch per se schon von einer unkonventionellen Frau, die aus dem Gefängnis der höfischen Normenwelt auszubrechen versucht. Gottfried versucht damit „die für Frauen unbefriedigende und herabwürdigende patriarchal tradierte Rollenverteilung zu durchbrechen und neue, erfülltere Möglichkeiten der Beziehung von Mann und Frau vorzuführen"[625]. Diese Möglichkeit besteht in einer individuumsbezogenen Minneethik[626].

Isolde gelingt es jedoch nicht, dieses Liebesideal zu leben, da sie die Komponente ‚Gesellschaft' ausblendet, anstatt den Versuch einer Harmonisierung zu wagen. Erst das von Gottfried auf der Exkursebene entworfene *saelige wîp* erfüllt die Voraussetzungen für seine neuartige Minnekonzeption. Trotzdem skizziert der Dichter anhand seiner Isoldefigur ein „zukunftsweisendes Gegenbild zum affektkontrollierten Frauenbild der zeitgenössischen Literatur"[627].

8.4. Die Figur der Isolde in den Fortsetzungen bei Ulrich und Heinrich

Auch bei Ulrich findet sich die ambivalente Zweiteilung der Bewertung der blonden Isolde. Dennoch wertet der Dichter laut Mälzer die Liebe zwischen Tristan und Isolde eher ab[628], wohingegen die Ehe mit Isolde Weißhand als „sittlich förderliche Institution"[629] anerkannt wird. Es findet somit eine Aufwertung der Verheiratung bei Ulrich statt. Mit der Lüge der Weißhändigen bezüglich der Farbe des Segels verkehrt sich diese Beurteilung jedoch in das Gegenteil: „Im Tod um des Geliebten willen wird Isolde I über die Ehefrau erhoben und als Vorbild an *triuwe* stilisiert [...]"[630].

---

[624] Vgl. Mälzer, 1991, S. 125.
[625] Ebd. S. 94.
[626] Ebd. S. 99.
[627] Ebd. S. 123.
[628] Vgl. Ebd. S. 243.
[629] Ebd. S. 240.
[630] Ebd. S. 246.

Bei Heinrich von Freiberg lässt Tristan zum ersten Mal von der Liebe zur blonden Isolde ab. Auch die Charakterisierung Isolde Weißhands als treuer Ehefrau fällt durchaus positiv aus. Dessen ungeachtet wird „Ulrichs Stigmatisierung der blonden Isolde als sündhaft-verlockernder Frau, die den Mann zu verderblichem Fehlverhalten anstiftet, weitestgehend eliminiert"[631], da die Initiative zu einem Wiedersehen von Tristan ausgeht.

Heinrich nimmt Isoldes rhetorische Bewandtnis wieder auf, als Isolde Marke „vermittels eines fingierten Dialogs mit dem kleinen Kind Tantrîsel von ihrer Unschuld überzeugt [...]"[632]. Diese Szene erinnert an das Wortspiel ‚Tristan' – ‚Tantris' aus Gottfrieds Romanfragment.

Bei einem Vergleich der beiden Fortsetzungen mit dem Tristanroman von Gottfried wird insgesamt klar, dass sich die beiden Dichter an anderen Traditionen und Normen orientieren, als Gottfried, „der sich mit seinem Entwurf eines innovativen Menschen- und Frauenbildes [...] auf Neuland begab"[633].

---

[631] Ebd. S. 251.
[632] Ebd. S. 255.
[633] Ebd. S. 237.

9. Isolde Weißhand

Mit Tristans Ortswechsel nach seiner Flucht vom Marke-Hof verschwindet auch die blonde Isolde für den Rest des Gottfried'schen Romanfragments von der Bildfläche. Tristan trifft in Arundel auf Isolde Weißhand, die ihn allmählich seine erste Liebe vergessen lässt.

9.1. Isolde Weißhands Charakterisierung auf der Ebene des Textes

Die dritte im Bunde der drei Isolden, nämlich die *stolz[e] unde wîse*[634] Isolde Weißhand, lässt Gottfried im gleichnamigen 15. und zugleich letzten Kapitel seines unvollständigen Tristanromans in Erscheinung treten, und zwar im Rahmen einer sehr „positiven Erzählerbeschreibung"[635]. Laut Schöning deutet schon die blonde Isolde den Eintritt einer anderen Frau in Tristans Leben an, als sie ihren Geliebten in der Abschiedsszene mahnt, ihr treu zu bleiben:

> *nu sehet, daz mich kein lebende wîp*
> *iemer von iu gescheide, [...]*[636]

Im Verlauf des Gesprächs ersetzt sie das „ich" mit ihrem Vornamen, was für Schöning bedeutet, dass ab diesem Zeitpunkt die mögliche andere Frau „bereits als eine Andere namens ,Isolt' beschrieben"[637] ist:

> *und lât iu nieman nâher gân*
> *dan Îsolde, iuwer vriundîn!*[638]

Tristan, der nach Isoldes Abschiedsmonolog vom Marke-Hof flüchten muss, fährt zunächst *ze Normandîe*[639] um dort *trôst ze sîner triure*[640] zu suchen. Nach einem mehrmonatigen Kriegsdienst in Deutschland und einem Besuch am Grab seiner toten Eltern in Parmenien reist Tristan weiter nach Arundel, wo sich *ein herzoge [...] vrech unde höfsch und wol getaget*[641] im Krieg befindet. Dessen Tochter, *Îsôt as blanchemains*[642], die *schoene und maget*[643] ist, hat

---

[634] V. 18959.
[635] V. 18956ff; Nanz, 2010, S. 130.
[636] V. 18300f.
[637] Schöning, 1989, S. 166.
[638] V. 18320f.
[639] V. 18411.
[640] V. 18417.
[641] V. 18690.
[642] V. 18709.
[643] V. 18708.

einen Bruder namens Kaedin, den Tristan zusammen mit seinen Heimattruppen im Kriegsgefecht unterstützt. Dass Kaedin und Isolde Weißhand hier gemeinsam eingeführt und identisch knapp beschrieben werden, kann als ein Zeichen der Gleichberechtigung der Geschwister gesehen werden.[644]

Nach der gewaltvollen Auseinandersetzung kommt es zu einem ersten Treffen zwischen Tristan und Isolde Weißhand, deren Name von ihren *wîzen handen*[645] rührt und deren Schönheit mit der Metapher *diu bluome von den landen*[646] charakterisiert wird. Als überragendes Merkmal der Herzoginnentochter nennt Gottfried ihre *saelekeit*[647]. Damit greift der Autor auf das im *huote*-Exkurs propagierte Ideal des *saelige[n] wîp[s]* zurück:

> *[...] und haete sich mit prîse*
> *und mit lobe sô vür genomen,*
> *daz s'al daz lant haete überkomen,*
> *daz daz niht anders seite*
> *wan von ir saelekeite.* [648]

Die Tatsache, dass Isolde Weißhand mit ihrem lobenswerten Verhalten das ganze Land für sich gewonnen hat, macht sie für Nanz zu einer Person, die von Anfang an „aktiv zu ihrem eigenen Ehrerwerb beiträgt"[649]. Die Fähigkeit, „andere ganz bewusst und sehr effektiv für sich einzunehmen"[650] stellt sie im Verlauf des Geschehens auch hinsichtlich ihrer Werbung um Tristan unter Beweis. Dies geschieht nicht nur durch ihren positiven äußeren Eindruck, sondern auch durch ihr charmantes und fröhliches Wesen, dessen Vorhandensein daraus zu schließen ist, dass Gottfried sie einige Verse weiter als Person etikettiert, die ständig *lachet und spilt*[651] und die somit besonders in den Augen des männlichen Geschlechts über eine hohe Attraktivität verfügt. Gerade die ausgesprochene Schönheit der Isolde Weißhand, aber auch ihr Vorname, erinnert Tristan an seine gleichnamige Liebe in Cornwall:

> *dô die Tristan sô schoene sach*
> *ez vrischet ime sîn ungemach.*[652]

Gottfried versieht Isolde Weißhand also mit Prädikaten, die sie allesamt zu einer schönen, jungfräulichen (*maget*) und im Volk sehr beliebten Frau machen. Er deutet aber zugleich an,

---

[644] Vgl. Haug, 1999, S. 18
[645] V. 18957.
[646] V. 18958.
[647] V. 18964.
[648] V. 18960ff.
[649] Nanz, 2010, S. 129.
[650] Ebd.
[651] V. 19004.
[652] V. 18966f.

dass ihr Verhalten keineswegs einer kindlichen Naivität entspringt, sondern einer hohen intellektuellen Verständigkeit, die für den Einsatz ihrer Vorzüge zu ihren Gunsten nötig ist.

9.2. Isolde Weißhands Funktion im epischen Gefüge

Die Interaktion zwischen Tristan und Isolde Weißhand verläuft schrittweise, wobei jeweils die spezifische Funktion, die Gottfried Isolde Weißhand in diesen Handlungsetappen zuweist, offensichtlich wird.

Auf die allmähliche Vereinnahmung Tristans durch die dritte Isolde folgen mehrere Phasen, in denen Tristan ihrer verlockenden Anziehung widersteht und sich auf die blonde Isolde rückbesinnt bzw. dem Charme der weißhändigen Isolde von neuem verfällt. Letztendlich gerät Tristan in eine tiefe Krise, welche die Lossagung von der blonden Isolde zur Folge hat.

9.2.1. Die Weißhändige als Mittel zur Erneuerung Tristans Kummer und Erinnerung

Als Ablenkung von seinem Liebeskummer und zur Wiederherstellung seiner Erinnerung versucht Tristan, im Krieg gesellschaftlichen Ruhm und Ansehen zu erlangen. Als ihm dies gelungen ist, befindet er sich auf der gleichen Stufe wie die *stolz[e] unde wîse*[653] Isolde Weißhand. Das erste Treffen der beiden erscheint als logische Konsequenz aus Tristans erneuerter, gesellschaftlicher Anerkennung.

Als er die Schönheit der weißhändigen Isolde erblickt, fühlt er sich sofort an *sîn altiu herzeriuwe*[654], *der andern Îsôte, der lûtern von Îrlant*[655] zurückerinnert:

> *dô die Tristan sô schoene sach*
> *ez vrischet ime sîn ungemach.*[656]

Auch der gleichartige Vorname ruft Tristans Wehmut an seine alte Liebe in Irland hervor:

> *und wan si Îsôt was genant,*
> *swenne er sîn ouge an sî verlie,*
> *sô wart er von dem namen ie,*
> *sô riuwec und sô vröudelôs,*
> *daz man im under ougen kôs*

---
[653] V. 18959.
[654] V. 18967.
[655] V. 18970f.
[656] V. 18965f.

> *den smzeren sînes herzen.*[657]

Für Schöning hat der identische Name enorme Wichtigkeit in der Romanhandlung, sodass sie ihn zum „beherrschenden Thema" macht:

> *Er ist nicht einfach eine weitere Begründung für Tristans Verwirrung, sondern er ist ihr Zentrum. Gleichzeitig wird in keiner anderen Tristan-Version so deutlich wie bei Gottfried, wie sehr Isolde Weißhand Verweischarakter hat.*[658]

Die Anwesenheit der weißhändigen Isolde führt folglich dazu, dass Tristan zum einen seinen Kummer wiederaufleben lässt und zum anderen die Erinnerung an die blonde Isolde nicht verblassen lässt. Dies löst bei ihm zwar negative Emotionen aus, jedoch scheint Tristan diese Gefühle als angenehm und lustvoll zu empfinden und die Trauer um sein verlorenes Liebesglück auf geradezu masochistische Art und Weise zu genießen:

> *doch liebete er den smerzen*
> *und truog im enneclîchen muot.*[659]

In Tristans Wahrnehmungen und Empfindungen kommt es zu einer ersten mentalen Parallelisierung der beiden Isolden, die durch die fehlende textuelle Differenzierung der Frauen ausgedrückt wird. Die folgenden Verse spielen bewusst mit der Beziehungsvielfalt des Namens[660]:

> *Îsot was sîn liep und sîn leit,*
> *jâ Îsôt, sîn besworrenheit,*
> *diu tete im wol, diu tete im wê.*[661]

Sosna bestätigt dies mit der Erkenntnis, dass der identische Name zu einer Veränderung in Tristans Wahrnehmung und Erleben führt, sodass die Grenze zwischen *wârheit* und *lougen* verwischt wird. Außerdem erwache bei Tristan das Bedürfnis nach erneuter Spiegelung und Interaktion, da er durch den Namen an den Interaktionsrahmen der Partnerbeziehung erinnert würde[662].

Schöning vollzieht die Interpretation dieser Textstelle in eine etwas andere Richtung: „Noch einmal wird in der Isolde-Weißhand-Handlung gezeigt, daß Wort und Ding endgültig auseinanderfallen, daß auf Sprache kein Verlaß mehr ist [...]"[663].

---

[657] V. 18972ff.
[658] Schöning, 1989, S. 167.
[659] V. 18978f.
[660] Vgl. Schöning, 1989, S. 167.
[661] V. 19987ff.
[662] Vgl. Sosna, 2003, S. 277.
[663] Schöning, 1989, S. 168.

9.2.2. Die dritte Isolde als kontrastierende Hervorhebung der blonden Isolde

Isolde Weißhand stürzt Tristan immer tiefer in *wunderlîche nôt* (Vers 19899) und löst eine grundlegende intellektuelle und gefühlsmäßige Verwirrung bei ihm aus, die so weit führt, dass er ein Stoßgebet zum Himmel sendet:

> *»â dê benîe, wie bin ich*
> *von disem namen verirret!*
> *er irret unde wirret*
> *die wârheit und daz lougen.*[664]

Haug sieht in dieser Reaktion eine Vorausdeutung auf den Romanschluss: „So wie er hier nicht mehr zwischen Nähe und Ferne, Identität und Differenz, Wahrheit und Täuschung zu unterscheiden vermag, wird es ihm auch am Schluß an der inneren Gewissheit der Liebe mangeln"[665]. Tristan führt im Inneren eine Pluralisierung Isoldes durch, um aus der einzigartigen Liebeseinheit in Leben und Tod auszubrechen.

Er gesteht sich schließlich ein, dass er mehr für Isolde Weißhand empfindet: *ich vürhte, ich aber g'îsôtet sî zem anderen mâle*[666]. Trotzdem ist ihm klar, dass es sich bei der blonden und der weißhändigen Isolde um zwei unterschiedliche Personen handelt:

> *nu bin ich komen, dâ Îsôt ist,*
> *und enbin Îsôte niender bî,*
> *swie nâhen ich Îsôte sî.*[667]

Tristan grenzt Isolde klar von seiner Liebe in Irland ab, was vor allem die Einzigartigkeit ihrer Person, aber auch seine Gefühle zu ihr betrifft:

> *Îsôte sihe ich alle tage*
> *und sihe ir niht, daz ist mîn clage.*[668]

Er vollzieht eine emotionale Differenzierung zwischen der blonden Isolde und Isolde Weißhand, was letztendlich zu einer Kontrastierung der beiden Frauen, einer Hervorhebung ihrer Andersartigkeit und somit auch einer Betonung ihres verschieden gewichtigen Werts für Tristan führt. Trotzdem bleibt der identisch klingende Name in Tristans Vorstellung das verbindende Element zwischen den beiden Isolden, was ihm letztlich dazu gereicht, seine Sympathie für die Weißhändige zu rechtfertigen:

---

[664] V. 18994ff.
[665] Haug, 1986, S. 44.
[666] V. 19006f.
[667] V. 19020ff.
[668] V. 19032.

> *swaz aber mîn ouge iemer gesiht,*
> *daz mit ir namen versigelt ist,*
> *dem allem sol ich alle vrist*
> *liebe unde holdez herze tragen,*[669]

Sosna argumentiert hier wiederum mit der Theorie der Substitution: „Wie zuvor entschließt sich Tristan auch in diesem Fall zur Substitution einer Spiegelfläche, um seine Identitätsgenese zu beeinflussen und zu stabilisieren"[670]. Durch seine Selbsttäuschung und die daraus resultierende Täuschung Isolde Weißhands sei Tristan in der Lage, die blonde Isolde als Interaktionspartnerin zu substituieren und erneut eine enge persönliche Bindung einzugehen.[671]

Tristan setzt den Namen Isolde mit Freude und einem glücklichen Leben gleich. In dieser Identifikation sieht er seine Pflicht *dem lieben namen* zu danken, und zwar mit dem Ausleben seiner Sympathie für Isolde Weißhand:

> *dem lieben namen genâde sagen,*
> *der mir sô dicke hât gegeben*
> *wunne und wunneclîchez leben.*[672]

9.2.3. Die weibliche Hilfe zur Verringerung der Liebesqual

Da Tristan nun sein Gewissen beruhigt hat, gelingt es Isolde Weißhand bei jedem Zusammentreffen, ihn von neuem zu entflammen:

> *diu viuwerniuwet ime den muot*
> *mit der glimmenden gluot,*
> *diu ime doch naht unde tac*
> *betrochen in dem herzen lac.*[673]

Für Tristan ist Isolde Weißhand jedoch nur ein angenehmes Mittel zum Zweck, denn sein oberstes Ziel ist nun nicht mehr die *ritterschaft*[674] sondern *minne* und *gemuotheit*[675]. Er hofft mit ihr *sîn senebürde*[676] verringern zu können:

> *er besazte sîne trahte,*
> *er wolte liebe und lieben wân*
> *wider die maget Îsôte hân,*

---

[669] V. 19034ff.
[670] Sosna, 2003, S. 278.
[671] Vgl. Ebd.
[672] V. 19037ff.
[673] V. 19045ff.
[674] V. 19056.
[675] V. 19052f.
[676] V. 19061.

> sîn gemüete gerne twingen
> z'ir liebe ûf den gedingen,
> ob ime sîn senebürde
> mit ir iht ringer würde.[677]

Tristans Interesse gegenüber Isolde Weißhand begrenzt sich demnach auf seinen Willen zur Zerstreuung und zu vergnüglichen Beschäftigungen. Seine hedonistischen Belange stehen hier im Vordergrund und sollen die Aufgabe erfüllen, ihm seinen Liebesschmerz zur blonden Isolde zu lindern. Dies ist in letzter Instanz seine Erwartung an Isolde Weißhand.

Dass diese seine Obliegenheit erfüllen kann, spricht für Nanz dafür, dass „ihr Potential über das einer reinen Stellvertreterin der ersten Isolt hinausgeht"[678]. Schulze-Belli und Dallapiazza sehen die weißhändige Isolde in ihrer Funktion als heilende und helfende Figur, „die von Tristan benützt werden kann"[679].

Da der Protagonist sich, um sich Erleichterung zu verschaffen, nun noch mehr um Isolde Weißhand bemüht, beginnt diese, seine Annäherungen zu erwidern:

> [...] sô widerlie s'ir ougen ie
> als inneclîchen an den man,
> daz er gedenken began,
> mit swelher slahte dingen
> er'z möhte vollebringen,
> daz al sîn herzeswaere
> dermite erloschen waere,
> und was gedanchaft derzuo.[680]

9.2.4. Aussicht auf Frieden: Isolde als Hoffnungsträgerin

Kaedin, der *ir zweier blicke wart gewar*[681], ist sehr erfreut über das sich positiv verändernde Verhältnis zwischen Tristan und seiner Schwester. Seine Hoffnung liegt in einer Verheiratung der beiden, um anschließend mit Tristans Hilfe den Krieg im Reich beenden zu können:

> [...] wan er gedingen haete,
> ob s'ime ze herzen beclibe,
> daz er si naeme und dâ belibe.
> sô haete ouch er mit ime verant
> sîn urliuge über al daz lant.[682]

---

[677] V. 19056ff.
[678] Nanz, 2010, S. 131.
[679] Schulze-Belli/Dallapiazza, 1990, S. 75.
[680] V. 19078ff.
[681] V. 19089.
[682] V. 19091ff.

Im Liebesglück seiner Schwester sieht Kaedin demzufolge den Frieden für das ganze Land. Anders ausgedrückt: Sein Ziel ist die Ausweitung des privaten Glücks in ein kollektives Wohlergehen. Aus diesem Grund bittet er seine Schwester, ihr Sprechen und Handeln Tristan gegenüber nach seinen Wünschen und denen des Herzogs anzupassen:

> *sus bat er ie genôte*
> *sîne swester Isôte,*
> *daz sî'z mit rede Tristanden büte,*
> *reht alse er selbe vor gebüte,*
> *und niemer kaeme an keine tât*
> *âne in und âne ir vater rât.* [683]

Isolde Weißhand, die diese Bitte gerne erfüllt, bemüht sich fortan noch mehr um Tristan. Sie „zeigt sich [...] als eine Figur, die nicht nur ihr Aussehen und ihre Blicke begehrenswert machen, sondern auch ihre Worte und Gebärden. [...] Sie ist demnach imstande, verbale wie nonverbale Kommunikationsmittel gezielt zu Verführungszwecken einzusetzen [...]"[684].

Durch Isoldes *rede und gebaerde und allez daz, daz die gedanke stricket, minne in dem herzen quicket*[685], gelingt es ihr, Tristan zu *enzunde[n]*[686], was zur Folge hat, dass dessen Schmerzen beim Hören des Vornamens sich nun in Genuss verwandeln:

> *[...] daz ime der name begunde*
> *den ôren senften an der stete,*
> *der ime dâ vor unsanfte tete.*[687]

Nanz deutet dies folgendermaßen: „Beruhte die Hinwendung zu Isolt a Blanche Mains zunächst auf einer rationalen Entscheidung, ist Tristan jetzt ihrer Anziehungskraft gegen seinen eigenen Willen ausgeliefert"[688]. Es kommt zum gegenseitigen Schwur der *liebe und gesellschaft*[689], worin Nanz die einzige Situation sieht, in der „Symmetrie zwischen den beiden"[690] herrscht.

---

[683] V. 19097ff.
[684] Vgl. Nanz, 2010, S. 133.
[685] V. 19106f.
[686] V. 19111.
[687] V. 19114ff.
[688] Nanz, 2010, S. 134.
[689] V. 19121.
[690] Nanz, 2010, S. 134.

9.2.5. Tristans erster Rückzug von Isolde Weißhand

In dieser oberflächlichen Harmonie beginnen Tristan Schuldgefühle gegenüber der blonden Isolde, *sîn ander leben*[691] und der *slüzzel sîner minne*[692], zu plagen. Weil sein Schmerz wiederauflebt, verurteilt er sein Verhalten ihr gegenüber, die ihm ihre Treue beweist:

> *[...] und minne ich unde meine*
> *ein leben, des si niht bestât.*[693]

Tristan beginnt, *minne* und *muot* für Isolde Weißhand zu unterdrücken, bezeichnet seine Affäre mit ihr als *blinden unsin*[694] und kehrt in seinem Herzen wieder zu *sîn erbeminne*[695] zurück. „Stimmten zuvor für einen kurzen Moment Tristans ausgesendete Signale und Gefühle überein, treten diese nun auseinander"[696]. Dadurch verursacht er großen Kummer bei Isolde Weißhand, welchen er aber durch *sîne höfscheit*[697], *schoeniu maere* und *swaz ir kurzewîle was*[698] lindert.

Laut Sosna wird hier sein Bedürfnis nach Interaktion, nach Spiegelung im ‚Du' deutlich. Zwar bleibe er sich der Verpflichtung gegenüber der blonden Isolde bewusst, doch die Anziehungskraft der real möglichen Interaktion überwiegt. „Isolde Weißhand dient dabei lediglich als Ersatz: Der eigentliche Adressat seiner Aktionen bleibt die blonde Isolde"[699].

In diesem Kontext dichtet Tristan auch den so genannten Tristan-Leich, wodurch es zu einem „fatale[n] Missverständnis"[700] kommt: Während Isolde Weißhand glaubt, selbst im Lied besungen zu werden, denkt Tristan insgeheim nur an die blonde Isolde:

> *»Îsôt ma drûe, Îsôt m'amie,*
> *en vûs ma mort, en vûs ma vie !«*[701]

Bei Isolde Weißhand besteht also eine Übereinstimmung zwischen ihren Gedanken und dem äußeren Verhalten, wohingegen Tristan innerlich aufgespalten ist. Seine Worte vermitteln nicht seine wahren Gefühle, sondern verfälschen diese für sein Gegenüber. Während für

---

[691] V. 19130.
[692] V. 19132.
[693] V. 19150.
[694] V. 19165.
[695] V. 19179.
[696] Nanz, 2010, S. 136.
[697] V. 19182.
[698] V. 19190.
[699] Sosna, 2003, S. 278.
[700] Nanz, 2010, S. 136.
[701] V. 19214f.

Tristan die Namensgleichheit nur anfangs eine Rolle gespielt hat, ist sie für die Figur der Isolde Weißhand von zentraler Bedeutung[702].

Diese legt oftmals, um ihre Zuneigung auch öffentlich auszudrücken, *ir hende in die sîne*[703] und lässt in diesen Situationen *sîne kiusche und sîne scham*[704] beiseite.

9.2.6. Tristans zweiter Rückzug von Isolde Weißhand

Isolde, *diu maget [...] smierende unde lachende, kallende unde kosende, schmeichende unde lôsende*[705], schafft es erneut, Tristan für sich zu gewinnen. Diesen bedrängt allerdings noch eine vage Unsicherheit, was seine Gefühle ihr gegenüber betrifft:

> *er zwîvelte an Îsolde*
> *ob er wolde oder enwolde.*[706]

Diese Bedenken und seine *staete*[707] lassen ihn wiederholt *mit muote und mit gedanken an sîner liebe wanken*[708]. Weil Isolde Weißhand annimmt, sie sei der Grund für seine Trauer, fällt auch sie in tiefen Kummer und empfindet großes Mitleid für ihren Geliebten:

> *si seneten sich beide*
> *und haeten jâmer under in zwein*
> *und gie der ungelîche in ein.*[709]

So empfinden die beiden gleichzeitig ein tiefes Gefühl der Liebe, jedoch mit unterschiedlichen Zielpersonen, *denn ir minne unde ir meine die wâren ungemeine*[710]. Dadurch, dass Isolde Weißhand denselben Schmerz erleidet wie Tristan, trägt sie unbewusst seinen Schmerz mit, was Nanz als ihre „karitative Seite"[711] bezeichnet:

> *nâch vil geselleclîchem site*
> *truoc sî daz trûren mit im ie,*
> *des sî doch lützel ane die.*[712]

---

[702] Vgl. Nanz, 2010, S. 142.
[703] V. 19235.
[704] V. 19232.
[705] V. 19242ff.
[706] V. 19249f.
[707] V. 19256.
[708] V. 19247.
[709] V. 19268.
[710] V. 19301f.
[711] Nanz, 2010, S. 139.
[712] V. 19320ff.

„Diese *güete*[713] der zweiten Isolt ruft zusammen mit ihrer beständigen Zuneigung (G. 19330f.) bei Tristan Mitleid hervor [...]"[714].

9.2.7. Tristans dritter Rückzug von Isolde Weißhand

Auf die zunehmende Werbung der weißhändigen Isolde reagiert Tristan mit *zwîvelnot*[715], und zwar *zem dritten mâle*[716]. Vor lauter Sehnsucht nach der blonden Isolde meidet Tristan die Weißhändige, was ihn letztendlich in den Wahnsinn stürzt:

> *er qual nâch jener starke*
> *und zôch sich hie von dirre.*
> *sus was er beider irre.* [717]

Isolde Weißhand dagegen *was den jagende, der si vlôch*[718]: Obwohl er sie ablehnt, hört sie nicht auf, ihm ihre beständige und aufrichtige Liebe zu schenken. Der Leichtext gibt ihr dabei die Sicherheit der Gegenseitigkeit ihrer in Wahrheit so einseitigen Liebe.

9.2.8. Isolde Weißhand als Tristans Weg in die Identitätskrise

Da sie Tristan tatsächlich zum vierten Mal für sich gewinnen kann, scheint es nicht verwunderlich, dass die weißhändige Isolde an ihren Gefühlen festhält. Für Tristan hat seine erneute Hinwendung einen Grund: Er will seinen Kummer nicht nur lindern, sondern erhofft, dass eine neue Liebe die alte vergessen lässt:

> *ich hân doch dicke daz gelesen*
> *und weiz wol, daz ein trûtschaft*
> *benimet der andern ir craft.* [719]

„Die Aufhebung der Einzigartigkeit der Tristan-Isold-Liebe wird dabei eindrucksvoll durch das Bild des sich teilenden Flusses bzw. des in mehrere kleinere Brände zerstreuten Feuers zum Ausdruck gebracht"[720]. Genau wie bei einem Fluss möchte Tristan von seiner Liebe zur

---

[713] V. 19330.
[714] Nanz, 2010, S. 139.
[715] V. 19352.
[716] V. 19353.
[717] V. 19356ff.
[718] V. 19396.
[719] V. 19432ff.
[720] Mikasch-Köthner, 1991, S. 119.

blonden Isolde einzelne Nebenarme ableiten, seine Gefühle folglich auf mehrere Personen aufteilen, damit die Strömung, seine Liebe zu ihr, an Stärke verliert:

> *sus wirt der michele Rhîn*
> *vil kûme ein cleinez rinnelîn.*[721]

Indem er Isolde Weißhand zu einer Ableitung seiner Liebe zur blonden Isolde macht, erhofft er sich, ein *triurelôser*[722] Tristan zu werden. Laut Sosna hat sein Entschluss, die emotionale Bindung zu teilen, jedoch notwendigerweise eine fragmentierte und diskontinuierliche Selbstwahrnehmung zur Folge, was auch dadurch zum Ausdruck kommt, dass er seine Untreue auf Isolde projiziert[723]:

> *die vröude, die ich durch iuch verbir,*
> *owî owî, die trîbet ir*
> *als ofte als iu gevellet.*[724]

Um seinen eigenen Seitensprung zu rechtfertigen, wirft er Isolde zu Unrecht ein identisches Verhalten, eine weniger starke Liebe und ein glücklicheres Leben vor. Auch hätte sie seiner Meinung nach schon längst nach ihm suchen können. So sagt er sich schließlich von ihr los, was in einer tiefen „Identitätskrise des Protagonisten"[725] mündet, in der ihm letztlich sein eigenes Ich abhanden kommt:

> *man suoche dâ, so bin ich hie.*
> *man suoche hie, sô bin ich dâ.*
> *wie vindet man mich oder wâ?*
> *wâ man mich vinde? Dâ bin ich.*[726]

In dieser Krise Tristans bricht auch die Romanhandlung ab, da das Fragment endet.

9.2.9. Fazit zur Funktion Isolde Weißhands im epischen Gefüge

Isolde Weißhand erfüllt als dritte der drei Isolden vielfältige Funktionen hinsichtlich des Romankontexts, aber auch bezüglich des Protagonisten selbst, der sich bei seiner Begegnung mit der weißhändigen Isolde in einem tiefen Liebesleid befindet.

„Indem er an *êre* und Ansehen gewinnt, stabilisiert Tristan seine soziale Situation durch die positive Sanktionierung der Gesellschaft. Doch dies betrifft nur den Teil von seinem Wesen,

---
[721] V. 19445f.
[722] V. 19464.
[723] Vgl. Sosna, 2003, S. 280f.
[724] V. 19489ff.
[725] Sosna, 2003, S. 282.
[726] V. 19586ff.

der mit der Gesellschaft bzw. seiner Rolle innerhalb dieser Gesellschaft korreliert"[727]. Für die Rehabilitation des zweiten Teils von Tristans Identität, dem Bereich des Privaten und der Liebe, ist Isolde Weißhand zuständig. Dies gelingt ihr, im Hinblick auf die Romanfortsetzungen, letztlich jedoch nicht.

Die Herzogstochter soll Tristans Leid zunächst gezielt durch die Namensgleichheit mit der blonden Isolde verstärken, damit Tristan seinen Kummer erneuern und seine Erinnerung an seine alte Liebe auffrischen kann. Die Weißhändige hat also innerhalb des Romans einen erheblichen Verweischarakter auf ihre Namenskollegin aus Irland.

Später hofft Tristan durch ihre Anwesenheit, *sîn senebürde*[728] mindern zu können, wobei ihre helfende Funktion zu Tage tritt. Kurz vor Abbruch des Romans wird diese helfende Wirkung zur heilenden, als die neue Isolde Tristans alte Liebe vergessen lassen soll und ihm als Liebesersatz und Substitution der blonden Konkurrentin gerecht wird. Indem sie ihn unterstützt, sein Leid zu tragen und es mit ihm teilt, erkennt der Leser überdies die karitative Seite an ihr.

Durch Isolde Weißhand erfüllt Tristan sein Bedürfnis nach Spiegelung und Interaktion. Sie erweist sich dabei als kluge und taktisch handelnde Verführerin, die ihre Reize gezielt einzusetzen vermag und den wankelmütigen Tristan viermal erfolgreich von sich überzeugt. Sinnbildlich steht sie außerdem für die Pluralisierung der blonden Isolde und den Bruch in der Gemeinschaft der Liebenden, aber auch für Kaedins Hoffnung auf Frieden im ganzen Land.

Tristan gelingt die kontrastierende Hervorhebung der blonden Isolde gegenüber der Weißhändigen. Außerdem vollzieht er durch die dritte Isolde eine emotionale Differenzierung seiner Gefühle zu den beiden. Dennoch ist es Isolde Weißhand, die ihn in eine tiefe Verwirrung und letztlich sogar in den Identitätsverlust stürzt. „Daß die Teilung in Tristans Persönlichkeit, sein dichotomes Wesen, nicht überwunden ist, zeigt sich in der Begegnung mit Isolde Weißhand"[729], bestätigt Sosna. Trotzdem bleibt die Weißhändige für Nanz eine komplexe Figur, welche zahlreiche Ambivalenzen aufweist, die sich nicht ohne weiteres auflösen lassen.[730]

---

[727] Ebd., S. 276.
[728] V. 19061.
[729] Sosna, 2003, S. 278.
[730] Vgl. Nanz, 2010, S. 165.

9.3. Isolde Weißhands Wirken vor dem Erwartungshorizont des Mittelalters

Auch bei Isolde Weißhand liegt die Untersuchung ihrer Charakterzüge und ihres Verhaltens im Hinblick auf das eingangs dargelegte und für das Mittelalter typische Verständnis von Weiblichkeit nahe. Insbesondere bei dieser Frauenfigur werden Tendenzen deutlich, die auf eine Entsprechung Isolde Weißhands zum mittelalterlichen Frauenbild schließen, aber auch auf enorme Abweichungen von den zeitgenössischen Vorstellungen stoßen lassen.

9.3.1. Die weißhändige Isolde im Spiegel der Gesellschaft

Dass das Betätigungsfeld mittelalterlicher Frauen meist auf den häuslichen Innenraum beschränkt ist, scheint bei Isolde Weißhand nicht gegeben zu sein. Dies lässt zumindest Gottfrieds Aussage behaupten, Isolde hätte sich durch Ruhm und Lob im ganzen Land hervorgetan.[731] Sie „entspricht [damit] dem traditionell höfischen Ideal der anmutigen Jungfrau"[732].

Die weißhändige Isolde scheint jedoch trotz ihrer eher kleinadeligen Abstammung als Herzogstochter über einen großen Einflussbereich zu verfügen und diesen auch zu nutzen. Dass sie in den Augen der Bürger eine so große Auszeichnung verdient, lässt darauf schließen, dass sie insgesamt bestrebt ist, ihr Verhalten möglichst normkonform zu gestalten.

Dennoch haftet ihr, wie so vielen Frauen im Mittelalter, ein gewisser Unterhaltungswert an, der vor allem im Umgang mit Tristan an die Oberfläche tritt. Ihm gegenüber zeigt sie ein sehr kurzweiliges und erbauliches Verhalten, welches statt Tiefgründigkeit und Diskussion reines Amüsement zum Ziel hat:

> *diu maget die war sich wider den man*
> *sô rehte lieplîch machende,*
> *smierende unde lachende,*
> *kallende unde kôsende,*
> *smeichende unde lôsende, [...]*[733]

---

[731] V. 18960.
[732] Maier-Eroms, 2007, S. 224.
[733] V. 19249ff.

9.3.2. Ihr Verhältnis gegenüber der männlichen Autorität

Dass sich Isolde unter den Willen ihrer männlichen Familienmitglieder durchaus unterzuordnen weiß, zeigt die Szene in der Kaedin seine Schwester bittet, ihr Verhalten Tristan gegenüber beeinflussen zu dürfen. Isolde erfüllt ihm dieses Anliegen bereitwillig, jedoch nur, weil es auch in ihrem Sinne ist:

> *Îsôt diu leiste sîne bete,*
> *wan si'z doch selbe gerne tete,*
> *und bôt ez Tristande aber dô baz.*[734]

Sie leistet zwar ihrem Bruder gegenüber Gehorsam, doch verbindet sie diese Fügsamkeit mit ihren eigenen Interessen, was sich auch in der Handreichungsepisode zeigt:

> *si leite im dicke untougen*
> *ir hende in die sîne,*
> *als ob ez Kâedîne*
> *ze liebe geschaehe.*
> *swes aber sich der versaehe,*
> *ir selber vröude lac dar an.*[735]

Mit ihrer Gebärde antwortet Isolde nicht nur auf den Willen ihres Bruders, sondern zeigt öffentlich ihr „Bestreben, Tristans Frau zu werden"[736].

Kaedins Überlegung, er könne mit einer eventuellen Hochzeit zwischen Tristan und seiner Schwester den Krieg über *al daz lant*[737] beenden, zeigt ferner seine traditionell-patriarchalische Sichtweise auf eine Heirat aus politischen und pragmatischen Gründen. Mit diesem Denken entspricht er seiner Zeit.

Dass es sich bei seiner Aufforderung an Isolde Weißhand lediglich um eine Bitte handelt, lässt durchsickern, dass sich Isolde nicht ganz und gar unter der Vormundschaft ihres Bruders und ihres Vaters befindet, sondern durchaus auch als eigenständig handelndes Individuum anerkannt wird. „Wenn Bruder und Vater trotz eigener Interessen lediglich eine beratende Funktion wahrnehmen, liegt die Entscheidung letztlich bei Isolt a Blansche Mains"[738].

---

[734] V. 19203ff.
[735] V. 19234ff.
[736] Nanz, 2010, S. 137.
[737] V. 19096.
[738] Nanz, 2010, S. 133.

9.3.3. Die Figur als Ausdruck von mittelalterlicher Misogynität?

Dass Isolde vorgibt, mit ihrem Handeln nur ihrem Bruder gefallen zu wollen, in Wirklichkeit aber vorrangig ihren eigenen Willen durchsetzen möchte, sieht Nanz als Zeichen ihrer Fähigkeit zum „höfischen Dissimulieren"[739]. Ihrer Meinung nach erweist sie sich so als Gestalt, „der intellektuell auch geschicktes Lügen zugetraut werden kann"[740].

Dies würde die weißhändige Isolde zu einer Figur machen, die geprägt ist von der mittelalterlich-männlichen Vorstellung der Frau als dem gefährlichen und selbstsüchtigen Geschlecht, gleichsam der Eva-Figur aus der christlichen Genesis, die als die Verführerin schlechthin betrachtet wird. Dafür spricht, dass es ihr gleich viermal gelingt, Tristan von ihren Reizen zu überzeugen:

> *diu nam in aber ze handen dô*
> *und wante danne ir vlîz an in.*
> *ir clâren ougen unde ir sin*
> *diu spilten ûf in denne.*[741]

Scheint Isolde Weißhand an dieser Stelle als sinnliche Eva-Figur, zeichnet sie sich anderenorts durch ihre Vollkommenheit und Vorbildlichkeit aus. Obwohl nicht sie selbst Ziel Tristans Begierde ist, schenkt sie ihm ihre aufrichtige Liebe:

> *Tristan der wollte z'einer nôt*
> *ein ander Îsolde*
> *und Îsôt diu enwolde*
> *keinen andern Tristanden.*[742]

Da die weißhändige Isolde einmal als Negativ- und einmal als Positivbeispiel für die im Mittelalter den Frauen entgegengebrachte Misogynität gesehen werden kann, ist nicht klar feststellbar, ob die Stereotypie dieser Zeit tatsächlich an Isolde Weißhand gewahr wird. Trotzdem kann ihr „Wille zur erotischen Hingabe"[743] als Entsprechung zum zeitgenössischen Vorurteil der weiblichen Triebhaftigkeit gesehen werden.

---

[739] Nanz, 2010, S. 137.
[740] Ebd.
[741] V. 19226ff.
[742] V. 19306ff.
[743] Nanz, 2010, S. 155.

9.3.4. Der Wandel von der passiven zur aktiven Nebenfigur

Bei dem Thema Aktivität unterscheidet sich Isolde wiederum von typisch mittelalterlichen Frauenfiguren, deren Handlungsspielraum meist gering ist und die sich oftmals durch eine gewisse Passivität auszeichnen.

Sei es bezüglich der Durchsetzung ihrer eigenen Interessen, der Standhaftigkeit in ihrem Werben um Tristan oder ihrer ihn betreffenden Verführungskünste: Isolde kennzeichnet ein hohes Maß an Aktivismus und Selbstständigkeit. Selbst nach mehrmaliger Zurückweisung, gibt sie den Kampf um Tristans Zuneigung nicht auf: Sie schmeichelte und scherzte, *biz daz si'n aber enzunde [...]*. (Vers 19245) Nanz räumt dabei eine zunächst existierende Passivität der Figur ein, während diese im Handlungsverlauf immer aktiver die Beziehung zu Tristan beeinflusst: „Nun ist sie als Verfolgerin Tristans die handelnde Gestalt"[744]. Der Wechsel von der Passivität in die Aktivität zeige sich auch in der Dynamik und Wandlungsfähigkeit der zunächst fröhlichen, dann jedoch trauernden Figur.

Insgesamt zeigt sie mit ihrem offensiven Verhalten gegenüber Tristan, dass ihr Wesen keineswegs dem einer zurückhaltenden Jungfrau entspricht. Schließlich ordnet Nanz Isolde im Raster ihrer zwei Arten von Nebenfiguren nicht jener zu, die vor allem durch ihre Eigenschaften hervorsticht, sondern derjenigen, welche vorrangig durch ihre Handlungsrolle wichtig wird[745].

9.3.5. Fazit zum Vergleich Isoldes Weißhands mit dem mittelalterlichen Frauenbild

Obwohl Isolde Weißhand als traditionelle Jungfrau angesehen werden kann, welche das Volk mit ihrer Vollkommenheit erfreut, ist ihr Verhalten keineswegs immer so konventionell wie ihre Erscheinung.

Isolde ist sich über ihre Absichten bewusst und handelt so, dass sie imstande ist, diese zu verwirklichen. Dem Willen ihrer Familie ordnet sie sich dabei nur scheinbar unter, um in der Öffentlichkeit ihr Ansehen zu bewahren. Trotz ihrer verführerischen Eigenschaften kann sie nicht eindeutig als Eva-Figur identifiziert werden, da ihre Gefühle Tristan gegenüber aufrichtig und beständig sind und sie damit ein eher positiveres Bild von Frau vertritt.

---

[744] Nanz, 2010, S. 144.
[745] Vgl. Nanz, 2010, S. 164.

Obwohl sie sich konstant um Tristan bemüht, kann Isolde Weißhand die Einzigartigkeit der blonden Isolde bis zum Romanabbruch nicht vollständig übertreffen. Die Tatsache, dass sie nie den wahren Grund für Tristans Wankelmut erfährt und sie sich durch ihn in einem andauernden Gefühlschaos befindet, lässt in ihrer sonst so selbstbewussten Art eine gewisse Mitleidswürdigkeit erkennen.

Dennoch bleibt die dritte der drei Isolden eine Figur mit einem enorm hohen Grad an Aktivität. Laut Mälzer liegt die Hauptfunktion der Isolde Weißhand aber darin, an ihr die Vergeblichkeit des versuchten Abfalls und damit die Unaufhebbarkeit der Minnebindung zwischen den beiden Protagonisten darzustellen[746].

9.4. Isolde Weißhands Handlungsrolle in den Fortsetzungen

Während bei Gottfried von Straßburg die Handlung um Tristan und Isolde Weißhand an dieser Stelle abbricht und lediglich anzunehmen bleibt, dass der Autor die Geschichte gemäß der Stofftradition weiter gestaltet hätte, setzt sich der Arundel-Komplex bei Ulrich von Türheim und Heinrich von Freiberg fort. In beiden Fassungen werden dabei jeweils unterschiedliche Akzente gesetzt.

Eine Gemeinsamkeit ist jedoch, dass Isolde Weißhand in den noch vor dem Ende des 13. Jahrhundert verfassten Fortsetzungen[747] ihrer sich schon bei Gottfried in hohem Maße abzeichnenden Aktivität treu bleibt: Sie bestimmt erheblich den Ausgang der Handlung und somit das Ende von Tristan und Isolde. Die Zusammenfassung der beiden Fortsetzungen soll darüber Aufschluss geben.[748]

9.4.1. Die weißhändige Isolde bei Ulrich von Türheim

Ulrich von Türheims Fortsetzung beginnt mit Tristans Entscheidung, sich erneut Isolde Weißhand zuzuwenden, woraufhin die anschließende Werbung bei Kaedin erfolgt.

Isoldes Verführungsstragien scheinen auf fruchtbaren Boden gefallen zu sein, jedoch bleibt auch hier ein negativer Beigeschmack, denn die geplante Hochzeit ist an die Bedingung

---

[746] Vgl. Mälzer, 1991, S. 235.
[747] Vgl. Gottfried von Straßburg: Tristan, Band 2, 2007⁹, S. 574.
[748] Vgl. Ebd. S. 575ff.

gebunden, dass Tristan für immer in Karke bleiben muss, was auf Kosten der Reinheit der Liebesbeziehung zwischen den beiden geht. Schöning spricht außerdem von einem „exemplarisch[en] Beispiel für die feudale Eheschließungspraxis dieser Zeit"[749], denn die Entscheidungsmacht über die Verheiratung liegt nicht bei Isolde Weißhand, die sonst durch ihr souveränes Verhalten besticht. Dies würde sie zum „Gegenbild [der] aktiven, fordernden blonden Isolde"[750] machen. Diesen Kontrast bestätigt auch Mälzer: „Die Konzeption der weißhändigen Isolde Ulrichs ist [...] in mancher Hinsicht dem klassischen höfischen Rollenentwurf und Frauenideal eng verbunden"[751].

In einer weiteren Szene legt Isolde ihre Zurückhaltung ab: Da Tristan in der Hochzeitsnacht erneute Zweifel plagen, wird die Ehe zwischen ihm und seiner Angetrauten nicht vollzogen, woraufhin Isolde Weißhand mit großer Enttäuschung reagiert. Dies zeigt nicht nur die ausgeprägte Triebhaftigkeit der dritten Isolde, sondern auch ihre Sorge um die Aufrichtigkeit Tristans Liebe, da er den Beweis seiner Gefühle noch nicht erbracht hat.

> *Ulrich präsentiert seine Isolde in ihrem Monolog in der Hochzeitsnacht (v. 279-291) als eine in sexuellen Belangen erstaunlich beschlagene Frau, die genau weiß, wâ [!] zu wîbe wirt ein maget (v. 288) und der er recht spöttische Äußerungen über den zagen Tristan in den Mund legt.[752]*

Nanz fügt einschränkend hinzu, dass die typisch weibliche Triebhaftigkeit nicht anthropologisch erklärt werden kann, sondern auf den Charakter der Figur zurückgeführt werden muss, die sich infolgedessen durch ihr Handeln moralisch disqualifiziert[753]. Dennoch handelt es sich laut Mälzer um die erste deutschsprachige Tristan-Dichtung, welche die sexuellen Wünsche der Ehefrau thematisiert[754].

Dass Isolde Weißhand emotionale Intelligenz besitzt, beweist sie, als sie den wahren Grund für Tristans Verweigerung, nämlich seine Liebe zur blonden Isolde, erkennt. Trotzdem akzeptiert sie Tristans vorgeschobenes Gelübde, gemäß dem er ein Jahr lang seine Frau nicht berühren darf. Hier nimmt sie sich entgegen ihrer sonstigen Verhaltenstendenz zurück und lässt sich auf einen Kompromiss ein, indem sie verspricht, die Frist abzuwarten. Insgeheim hat sie jedoch Tristans Lüge entlarvt. Nanz weist auf einen Unterschied zur Vorlage hin:

---

[749] Schöning, 1989, S. 170.
[750] Vgl. Ebd. S. 171; Vgl. Deighton, 1979, S. 203.
[751] Mälzer, 1991, S. 239.
[752] Schöning, 1989, S. 172.
[753] Vgl., Nanz, 2010, S. 298.
[754] Mälzer, 1991, S. 242.

Die Isolde-Weißhand-Figuren bei Ulrich und Heinrich weisen zwar [...] sexuelle Wünsche auf, sind aber stärker als ihre Vorläuferin der Thomas-Version in der Lage, diese im Interesse ihrer höfischen Reputation zu kontrollieren, obwohl auch für sie ihre andauernde Keuschheit mit Leid verbunden ist[755].

Trotz ihrer Rolle als treue Ehefrau[756] kommt ihre Fixierung auf die Körperlichkeit und ihr ausgeprägtes Bedürfnis nach Sinnlichkeit vor allem in der Episode vom „kühnen Wasser" zum Tragen, in der Isolde behauptet, dass ihr das Wasser, das ihr unter das Gewand spritzt, wagemutiger als Tristan erscheint. „Isolde wird hier als eine Frau präsentiert, die nicht nur wegen der *site* über Tristans Verhalten verärgert ist, sondern die sich selber um ihren sexuellen Genuss betrogen sieht"[757].

Wieder ist es Isoldes körperliche Begierde, die den Handlungsverlauf mitbestimmt: Weil Kaedin aufgrund dieser Bemerkung von Tristans Liebe zur blonden Isolde erfährt und sich von deren Schönheit überzeugen will, ermöglicht die Weißhändige indirekt ein erneutes Zusammentreffen der Liebenden. Isolde Weißhands sexuelles Bedürfnis führt also in letzter Instanz zu ihrem eigenen Verderben. Nanz spricht in diesem Zusammenhang von einem zielgerichteten und effektiven Einsatz von List, was als typisch weiblich bewertet wird[758]. Auch bei Tristans Abschied gewinnen die charakteristisch weiblichen Wesenzüge in Isolde Weißhand die Überhand: „[...] Sie [erscheint] wieder ganz als Privatperson, als eifersüchtige, in ihrem Stolz gekränkte Frau"[759].

Als Tristan erneut aus Irland flüchten muss, weil Marke seine Gemeinschaft mit der blonden Isolde entdeckt hat, gewährt ihm die Weißhändige Zuflucht, Sicherheit und Schutz. Der Ehebruch mit der blonden Isolde scheint dem Glück zwischen Tristan und der Weißhändigen dabei nicht im Wege zu stehen. Sie sind „in Liebe vereint"[760]. Die recht unterschiedliche Darstellung der Isolde Weißhand ist kongruent mit Mälzers Annahme von zwei höfischen Frauenkonzeptionen, auf die Ulrich zurückzugreifen scheint:

> *Zum einen die schöne Frauengestalt, hinter deren Maske sich der Teufel verbirgt*[761]*, [...] zum anderen jedoch weitaus häufiger die keusche, tugendhafte Frau, die zum sittlich vollkommenen Ideal stilisiert wird.*[762]

---

[755] Nanz, 1991, S. 289.
[756] Vgl. Mälzer, 1991, S. 240.
[757] Schöning, S. 1989, S. 172.
[758] Nanz, 2010, S. 290.
[759] Schöning, 1989, S. 173.
[760] Vgl. Gottfried von Straßburg: Tristan, Band 2, 2007⁹, S. 580.
[761] Vgl. Wenzel, 1974, S. 71.
[762] Mälzer, 1991, S. 240.

Die Gefühle der dritten Isolde sind schließlich so stark, dass sie beim Anblick von Tristans Wunden nach seinem Abenteuer auf der Burg Scharize in Ohnmacht fällt. Die starken Emotionen bewegen die Weißhändige zu einer Aussage, die Tristans Tod bedeutet. Geistesgegenwärtig behauptet sie, das Segel des Schiffes aus Irland sei schwarz, was bedeuten würde, dass die blonde Isolde Tristan ihre Hilfe bei der Heilung seiner Wunden versagt. Aus Gram über diese Botschaft stirbt Tristan, was letztendlich durch den Egoismus der weißhändigen Isolde ausgelöst wird. Da kurz darauf auch Isolde aus Schmerz über den Tod des Geliebten ihr Leben lassen muss, hat Isolde Weißhand gleich zwei Personen auf dem Gewissen.

Somit hat ihr Verhalten den denkbar schwerwiegendsten Einfluss auf die Handlung. Es wirkt als Katalysator des Todes der Protagonisten und bestimmt somit das Ende des Tristanromans.

Mikasch-Köthner dagegen führt eine Verlagerung der Schuldfrage durch. Ihrer Meinung nach ist der Tod der Protagonisten auch auf das mangelnde Vertrauen Tristans in die blonde Isolde zurückzuführen: „Von einem gemeinsamen Liebestod kann hier nicht mehr die Rede sein: „Aus Liebe stirbt allein Isolde, Tristan hingegen stirbt an seinem Zweifel"[763].

Nanz unterstreicht außerdem, dass Isolde Weißhand in der Version Ulrichs von Türheim weder als liebende noch als bemitleidenswerte Figur erscheint, da sie „durch die für sie spezifische Kombination von Eigenschaften sowie durch ihre Handlungen moralisch disqualifiziert wird"[764].

Angesichts der auseinanderklaffenden Darstellungen der zur Hilfe eilenden blonden Isolde und der moralisch gebrandmarkten Isolde Weißhand als Lügnerin kann durchaus über den antithetischen Charakter der Handlungsfunktionen der beiden Frauen als Heilerin einerseits und als Unheilbringerin bzw. Mörderin andererseits spekuliert werden.

---

[763] Mikasch-Köthner, 1991, S. 121.
[764] Nanz, 2010, S. 203.

9.4.2. Die weißhändige Isolde bei Heinrich von Freiberg

Die Fortsetzung Heinrichs von Freiberg weicht an einigen Stellen von der Ulrich'schen Version der Romanfortführung ab. Insgesamt erscheint Isolde Weißhand weitaus naiver als ihr Pendant aus der ersten Version, was sich an einigen ausgewählten Stellen zeigt: Obwohl sich Tristan zur Heirat mit Isolde Weißhand entschließt, weigert er sich auch bei Heinrich, die Ehe zu vollziehen. Isolde tröstet sich mit dem Gedanken, dies sei in Armenien Brauch und zieht nicht in Betracht, dass die blonde Isolde Schuld an Tristans emotionaler und körperlicher Abwesenheit trägt. Dies lässt auf einen leichtgläubigen und gutmütigen Charakter schließen.

Dennoch wird Heinrichs Dichtung erkennbar von der zeitgenössischen klerikalen Auffassung zur Ehe und Eheschließung beeinflusst, da Isolde Weißhand bei der Hochzeit nach ihrem Einverständnis gefragt wird.[765]

Als Tristan im Ehebett nach Isolde seufzt, fühlt sich Isolde Weißhand angesprochen und bezieht seine Sehnsucht auf sich, wie sie es auch schon bei Gottfried von Straßburg in kindlich-naiver Weise getan hat: „[Dadurch ist Isolde] noch verwunderter [...] als ohnehin schon: liegt sie doch direkt neben ihm"[766]. Dennoch wird ihr Verhalten in keiner Weise negativ akzentuiert: „Anders als bei Ulrich wird die zweite Isolde wieder ganz in traditioneller Manier als devote, keusche, tugendhafte und vorbildliche Ehefrau gezeichnet [...]"[767]. Die Figur wird insgesamt milder dargestellt. „Heinrich zeigt sich insofern stärker dem klassischen höfischen Frauenideal verpflichtet"[768].

Anstatt Tristans Verhalten in Frage zu stellen, glaubt Isolde ihrem Mann sofort, als er ihr von seinem Schwur nach einem Drachenkampf erzählt, mit dem er sich angeblich verpflichtet hat, ein Jahr nicht mit seiner Frau zu schlafen. Die Lügengeschichte reicht vollkommen zu ihrer Besänftigung aus: „Isolde Weißhand ist nun versöhnt. Die beiden leben wie liebende Eheleute miteinander, worüber Isoldes Angehörige und der ganze Hof sich freuen"[769].

---

[765] Vgl. Mälzer, 1991, S. 250.
[766] Schöning, 1989, S. 175.
[767] Mälzer, 1991, S. 251.
[768] Ebd. S. 254.
[769] Gottfried von Straßburg: Tristan, Band 2, 2007^9, S. 582.

Auch als Tristan zum Artushof aufbrechen will, bringt Isolde Weißhand keine Einwände hervor, da das „Jahr der Enthaltsamkeit ohnehin erst zur Hälfte vorüber ist"[770].

Nach Ablauf des Zeitraums und seinem Aufenthalt bei der blonden Isolde kehrt Tristan wieder zur Weißhändigen zurück, die ihn mit Freuden aufnimmt, was insgesamt ein recht groteskes Licht auf die betrogene Ehefrau wirft, zumal ihre Hoffnung, Tristan könne nun die Ehe vollziehen, auch jetzt nicht erfüllt wird.

An dieser Stelle folgt die Episode vom „kühnen Wasser", die im Vergleich zur Version Ulrichs einen entscheidenden Unterschied enthält: Für Heinrichs Isolde Weißhand sind im Gegensatz zu derjenigen Ulrichs von Türheim die sexuellen Wünsche untrennbar mit der Liebe verknüpft. Sie nutzt die Episode vom „kühnen Wasser" nicht zur Durchsetzung ihrer sexuellen Wünsche[771]. Heinrichs Isolde wird also im Vergleich zur schon beschriebenen Fortsetzung als weniger triebhaft dargestellt.

Als Kaedin und Tristan schließlich nach Irland reiten, wird Isolde Weißhand auf ihre Rückkehr vertröstet, nach welcher Tristan schließlich die Ehe vollzieht: Er ist „nun endlich kühner als das erwähnte kühne Wasser"[772].

Bei der Rückkehr des schwerverletzten Tristans von der Burg des Nampotenis, erweist sich die Isolde Heinrichs von Freiberg als fürsorgliche Pflegerin, was Nanz zur Behauptung veranlasst, dass die Heinrich-Version „besonders die *wîplîche güete*"[773] akzentuiert.

Genau wie in der zuvor untersuchten Fortsetzung des Tristanromans greift Isolde Weißhand bei der Ankunft der blonden Isolde zur Lüge und erklärt das Segel des Bootes für schwarz – eine Irreführung, die Tristan und Isolde schließlich das Leben kostet. Schöning betont hier Heinrichs Versuch, Isolde Weißhand zu rehabilitieren und vom Vorwurf des Mordes zu befreien, „indem er ihre Lüge bezüglich der Farbe des Segels als scherzhaftes Versehen darstellt [und ihr] Gelegenheit zur Trauer [gibt]"[774]. Hier greift die Autorin auf eine These Deightons zurück.[775]

Diese Darstellung lässt die Isolde in Heinrichs Fortsetzung wesentlich positiver wirken, was letztendlich aber wenig an ihrer Schuld am Tod von Tristan und Isolde ändert. Dennoch stellt

---

[770] Ebd.
[771] Vgl. Nanz, 2010, S. 289.
[772] Gottfried von Straßburg: Tristan, Band 2, 2007⁹, S. 588.
[773] Nanz, 2010, S. 298.
[774] Schöning, 1989, S. 175.
[775] Deighton, 1979, S. 292: „She kills her husband with a joke".

Heinrich expliziter als Ulrich heraus, dass das tragische Ende Tristans zumindest indirekt auf das Verschulden beider Isolden zurückzuführen ist"[776].

9.4.3 Fazit zur Rolle der Isolde Weißhand in den Fortsetzungen

Vergleicht man die Fassungen Ulrichs von Türheim und Heinrichs von Freiberg, so fällt auf, dass offenbar lediglich das Vorkommen des Kernmotivs und die aus diesem resultierende Konfliktsituation vorgegeben ist, wohingegen die konkrete Ausgestaltung beträchtlich variieren kann, was sich vor allem anhand der Figur der Isolde Weißhand zeigen lässt.[777]

Nanz bemerkt in diesem Kontext, dass die „Darstellung der Isolde [Weißhand] immer eine Stellungnahme zum ehebrecherischen Handeln der Tristan-Figur" darstellt, „da die Bewertung des Ehebruchs entscheidend von der Tugendhaftigkeit der betrogenen Ehefrau abhängt"[778].

Weil sich in den Fortsetzungen bei der Ausarbeitung der Isolde Weißhand und ihrer moralischen Bewertung Differenzen zwischen den Autoren feststellen lassen, können eventuelle Vermutungen auf abweichende Meinungen bezüglich Tristans Schuldfrage angestellt werden.

9.5. Isolde Weißhand unter Berücksichtigung der Aspekte der übrigen Frauenfiguren

Hinsichtlich der Namensgleichheit Isoldes der Älteren, der blonden Isolde und Isolde Weißhand steht die Frage im Raum, inwiefern diese Parallelsetzung Einfluss auf die Bedeutung der Figuren für Tristan im Speziellen und für den Roman im Allgemeinen hat.

Schulze-Belli und Dallapiazza weisen darauf hin, dass Isolde Weißhand hinsichtlich ihrer Schönheit, ihrer Bildung und ihrer Erziehung nicht nur Gemeinsamkeiten mit der jungen Isolde am irischen Hof hat, sondern auch zu einem Teil Wesenszüge der älteren Isolde in sich vereint.[779] So besitzt Isolde Weißhand genau wie ihre Namenskollegin die Funktion der Helferin und Heilerin, da sie Tristan von seinem Liebesschmerz zumindest zeitweise befreien

---

[776] Mälzer, 1991, S. 256.
[777] Vgl. Nanz, 2010, S. 308.
[778] Ebd. S. 304.
[779] Schulze-Belli/Dallapiazza, 1990, S. 75.

kann. Die Autorin geht noch einen Schritt weiter und bezichtigt Gottfried der Schöpfung eines metafiktiven Frauenbildes, das

> *männliche Wünsche und Ängste, Phantasien und Traumata [...] in eins mischt, das helfende und heilende lebensspendende und dominierende Mutter, form- und bildbare, aber auch lockend- erführende und verführbare Geliebte, Gattin und Ehefrau ununterscheidbar zugleich ist, sie zur Fiktion des ewig schönen, stets helfenden, einzigartig treuen Weiblichen in der Fiktion der Geschichte gerinnen lässt*[780].

Was Schulze-Bellis Hypothese anfechtbar macht, ist die Tatsache der Existenz dreier Isolden, deren Handeln nicht immer makellos und moralisch vollendet erscheint, sondern die in ihrem Verhalten auch Charakterzüge wie Schwäche und Gefühlsgetriebenheit an die Oberfläche treten lassen. Dies macht es schwierig, ein männlich dominiertes Wunschbild hinter den Figuren anzunehmen, obwohl die hier gelieferte Argumentation dennoch nachvollziehbar ist.

Für Nanz hingegen befinden sich nicht die namensgleichen Isolden im Zentrum ihres Interesses, sondern die Parallelen der Isolde Weißhand zur blonden Isolde und zu Blanscheflur.[781]

So ließen die drei Figuren ihrer Ansicht nach untereinander zahlreiche Parallelen erkennen. Zunächst sei dies das äußere Merkmal der Schönheit, welches bei Isolde der Blonden am stärksten ausgeprägt ist[782], schließlich die Darstellungstechnik[783] und der Einsatz von Metaphorik[784]. Anhand letzterer werden die Frauen nicht nur beschrieben, sie verdeutlicht auch den hierarchischen Unterschied zwischen den Dreien sowie die Veränderlichkeit der Gestalten. Jene macht sich bei der weißhändigen Isolde an einem Wandel hin zur Aktivität, bei Blanscheflur in physischen Veränderungen infolge emotionaler Zustände und bei Isolde der Blonden durch Veränderungen ihres Inneren, ihres Äußeren und ihrer Handlungsrolle bemerkbar.[785] „Dennoch lässt sich für die drei vorzüglichen Frauen eine sowohl inhaltliche als auch erzähltechnische Hierarchie herausarbeiten, innerhalb derer Isolt a Blansche Mains der Protagonistin und Blanscheflur unterlegen ist"[786], resümiert die Autorin.

Angesichts der engen Verbundenheit der drei Figuren – Blanscheflur als Vorausdeutung für Tristan und Isolde, Isolde Weißhand als Fortführung der blonden Isolde – ist dieser Vergleich durchaus legitim.

---

[780] Ebd. S. 76.
[781] Vgl. Nanz, 2010, S. 145.
[782] Vgl. Ebd.
[783] Vgl. Ebd. S. 146.
[784] Vgl. Ebd. S. 147.
[785] Vgl. Ebd. S. 152.
[786] Ebd. S. 153.

Schöning diskutiert in diesem Zusammenhang die Frage, ob Isolde Weißhand lediglich eine Aufspaltung der blonden Isolde ist, d.h. eine Abspaltung ihrer negativen Ich-Anteile, und kommt zum Ergebnis, dass dies nicht ohne weiteres feststellbar ist: „Keine der beiden Isolden ist eindeutig hell/gut bzw. schattenhaft/böse. Auch die erste Isolde/Isalde hat ihre Schattenseiten (man denke nur an ihren Mordversuch an Brangäne)"[787].

Nanz unternimmt schließlich den Versuch, einen Bezug zwischen der weißhändigen Isolde und dem textinternen Frauenbild, welches Gottfried im *huote*-Exkurs entwirft, herzustellen.[788] Ihre Zuordnung der Figur zu Gottfrieds erstem Frauentyp begründet sie mit Isolde Weißhands Bedacht „*lop und êre* zu erringen"[789] und mit ihrer bereits vollzogenen Hinzuzählung[790] der blonden Isolde zum zweiten Frauentyp „des *reinen wîbes*"[791], womit sich die Autorin auf Tomasek bezieht, der von einem „ständige[n] Bemühen um Ausgleich zwischen [...] Sinnlichkeit und der gesellschaftlichen Ehre"[792] spricht.

Isolde der Älteren ordnet Nanz charakteristische Merkmale des *saeligen wîbes*[793] zu, weil sie „mit sich und der Gesellschaft im Einklang und vollkommen aufrichtig ist" und „in einer ungewöhnlich gleichberechtigten, auf Liebe basierenden Ehebeziehung lebt"[794].

Gottfrieds Entwurf der drei Frauenbilder im *huote*-Exkurs lässt die Vermutung zu, dass der Autor diese theoretischen Konstrukte auch auf der Textebene zu entwickeln beabsichtigt. Dass die drei Isolden durchaus Ähnlichkeit zu den von ihm propagierten Frauenbildern aufweisen, unterstützt diese Annahme zusätzlich. Trotzdem darf nicht vergessen werden, dass es sich hierbei um Idealentwürfe handelt, welchen die Figuren der Handlung, allen voran Isolde Weißhand, nie ganz und gar gerecht werden können.

Fest steht jedoch, dass die blonde Isolde das Ideal des *saeligen wîbes*[795] nicht umzusetzen vermag, da sie nicht in der Lage ist, einen Ausgleich zwischen der Liebe zu Tristan und der Normenwelt der feudalen Adelsgesellschaft zu schaffen. Die neuartige Minnekonzeption Gottfrieds kann also letztendlich nicht realisiert werden.

---

[787] Schöning, 1989, S. 164; Zak, 1986, S. 54-65.
[788] Vgl. Nanz, 2010, S. 154ff.
[789] Ebd. S. 158.
[790] Ebd. S. 160.
[791] V. 17991.
[792] Tomasek, 1985, S. 193.
[793] V. 18021.
[794] Nanz, 2010, S. 160.
[795] V. 18021.

10. Abschließende Bemerkungen

Hinsichtlich der Funktionen der weiblichen Nebenfiguren in Gottfrieds von Straßburg Tristan lässt sich folgendes Resümee ziehen: Die Frauengestalten bestimmen zu einem Großteil den Verlauf der Handlung und nehmen daher eine wichtige Position im Roman ein. Sie beeinflussen nachhaltig das Schicksal von Tristan und Isolde und haben dabei verschiedene Rollen inne.

Während Blanscheflur die Liebesgeschichte um Tristan und Isolde gleichsam präfiguriert sowie als Modell für die Entschlossenheit weiblicher Gefühle fungiert, legt Floraete, als Tristans Ziehmutter, den Grundstein seiner Erziehung. Überdies veranschaulicht sie die Rechtfertigung von Unmoral, sobald diese ein höheres, ethisches Ziel verfolgt.

Mit Brangäne entwirft der Dichter eine Zofe, die nicht nur Isoldes Dienerin, sondern auch ihre Verbündete und Lehrmeisterin bei den Intrigen am Marke-Hof ist. Da es sich hierbei meist um Gegenwehr handelt, wird Isolde selbst nicht moralisch verurteilt, sondern vom Dichter als ideale Liebende stilisiert, die zur List greift, um das hohe Minneziel zu erreichen.

Die Tatkraft hat sie dabei von ihrer Mutter, der irischen Königin, geerbt, die selbstbewusst und emanzipiert das männliche Geschlecht oftmals in den Schatten stellt. Schließlich tritt Isolde Weißhand in Tristans Leben, die den Protagonisten mit ihrer Sittlichkeit einerseits und ihrer sexuellen Triebkraft andererseits dazu bewegt, die Pfade der idealen Tristan-Minne zu verlassen.

Gottfried gestaltet die Frauenfiguren in gewissen Bereichen konform der mittelalterlichen Vorstellungen, setzt jedoch an anderen Stellen deutliche Akzente eines unkonventionellen, weiblichen Aktionspotentials. Hier liegt die Vermutung nahe, dass die moderne Charakterisierung der Frauen als Kritik für die damals noch existente Unrealisierbarkeit der neuen Weiblichkeit in der patriarchalisch geprägten Hof- und Adelswelt um 1200 dient.

Trotz seiner revolutionären Tendenzen verharrt Gottfried letztlich selbst in den rigiden feudalhöfischen Mustern, indem er die ideale Liebe nur in Einklang mit der Gesellschaft zur Verwirklichung gelangen lässt. So zeugt auch seine neuartige Minnekonzeption von der Harmonisierung neuartiger Liebesvorstellungen mit der Einhaltung gesellschaftlicher Rahmenbedingungen. Das Postulat, trotz aller Individuumsbezogenheit im Einklang mit der Gesellschaft zu leben, bleibt.

Da Tristan und Isolde dieser Ausgleich nicht gelingt, scheitert auch die Liebesbeziehung. Das *saelige wîp* in Gottfrieds Idealkonstruktion ist nach wie vor, genau wie die mündige, selbst bestimmte Frau, (noch) eine Utopie.

11. Literaturverzeichnis

a)   Primärliteratur

Gottfried von Straßburg (2006[11]): Tristan. Band 1. Mittelhochdeutsch. Neuhochdeutsch. Stuttgart: Philipp Reclam jun.

Gottfried von Straßburg (2007[9]): Tristan. Band 2. Mittelhochdeutsch. Neuhochdeutsch. Stuttgart: Philipp Reclam jun.

b)   Sekundärliteratur

Bennewitz, Ingrid/Kasten, Ingrid (Hrsg.) (2002): Genderdiskurse und Körperbilder im Mittelalter. Eine Bilanzierung nach Butler und Laqueur. Münster: Lit.

Birkhan, Helmut (2009): Nachantike Keltenrezeption. Projektionen keltischer Kultur. Wien: Praesens Verlag.

Brall, Helmut/Haupt, Barbara/Küsters, Urban (Hrsg.) (1994): Personenbeziehungen in der mittelalterlichen Literatur. Düsseldorf: Droste.

Braunagel, Robert (2001): Die Frau in der höfischen Epik des Hochmittelalters. Entwicklungen in der literarischen Darstellung und Ausarbeitung weiblicher Handlungsträger. Ingolstadt: Publishers Consults Ltd.

Buschinger, Danielle (Hrsg.) (1996): Tristan. Greifswald: Reineke-Verlag (= Greifswalder Beiträge zum Mittelalter 53, Serie WODAN Band 66).

Buschinger, Danielle/Spiewok, Wolfgang (Hrsg.) (1993): Tristrant und Isalde. Prosaroman. Greifswald: Reineke-Verlag (= Greifswalder Beiträge zum Mittelalter 22, Serie 1, Texte des Mittelalters, Band 6)

Buschinger, Danielle/Spiewok, Wolfgang (Hrsg.) (1991): Tristan und Isolde im europäischen Mittelalter. Ausgewählte Texte in Übersetzung und Nacherzählung. Stuttgart: Philipp Reclam jun.

Buschinger, Danielle (1996): Riwalin und Blanscheflur, Tristan und Isolde. Gemeinsamkeiten und Gegensätze. In: Eros-Macht-Askese: Geschlechterspannungen als Dialogstruktur in Kunst und Literatur. Hrsg. V. Helga Sciurie und Hans-Jürgen Bachorski (Hrsg.). Trier: WVT Wissenschaftlicher Verlag Trier. 1975. S. 235-246.

Bußmann, Magdalena (1991): Die Frau – Gehilfin des Mannes oder eine Zufallserscheinung der Natur? In: Auf der Suche nach der Frau im Mittelalter. Fragen, Quellen, Antworten. Hrsg. v. Bea Lundt (Hrsg.) München: Fink. 1991. S. 117-134.

First published in 1985 by Routledge & Kegan Paul plc

This edition first published in 2016
by Routledge
2 Park Square, Milton Park, Abingdon, Oxon OX14 4RN

and by Routledge
711 Third Avenue, New York, NY 10017

Routledge is an imprint of the Taylor & Francis Group, an informa business

© 1985 Sally Baldwin

All rights reserved. No part of this book may be reprinted or reproduced or utilised in any form or by any electronic, mechanical, or other means, now known or hereafter invented, including photocopying and recording, or in any information storage or retrieval system, without permission in writing from the publishers.

Trademark notice: Product or corporate names may be trademarks or registered trademarks, and are used only for identification and explanation without intent to infringe.

British Library Cataloguing in Publication Data
A catalogue record for this book is available from the British Library

ISBN: 978-1-138-96230-9 (Set)
ISBN: 978-1-315-64761-6 (Set) (ebk)
ISBN: 978-1-138-95103-7 (Volume 4) (hbk)
ISBN: 978-1-138-95106-8 (Volume 4) (pbk)
ISBN: 978-1-315-66840-6 (Volume 4) (ebk)

Publisher's Note
The publisher has gone to great lengths to ensure the quality of this reprint but points out that some imperfections in the original copies may be apparent.

Disclaimer
The publisher has made every effort to trace copyright holders and would welcome correspondence from those they have been unable to trace.

The publishers would like to make it clear that the views and opinions expressed, and language used in the book are the author's own and a reflection of the times in which it was published. No offence is intended in this edition.

Dallapiazza, Michael (1995): Männlich-Weiblich: Bilder des Scheiterns in Gottfrieds Tristan und Wolframs Titurel. In: Geschlechterrollen im mittelalterlichen Artusroman. Hrsg. v. Friedrich Wolfzettel (Hrsg.). Amsterdam: Atlanta, GA. 1995. S. 176-182.

Deighton, Alan F. (1979): Studies in the Reception of the Works of Gottfried von Straßburg in Germany during the Middle Ages, Diss. Masch. Oxford.

Deist, Rosemarie (1982): Die Nebenfiguren in den Tristanromanen Gottfrieds von Strassburg und Thomas'de Bretagne und im 'Cliges' Chretien de Troyes. A thesis submittet in partial fulfillment of the requirements for the degree of Doctor of Philosophy (German). University of Winsconsin-Madison.

Ennen, Edith (1984): Frauen im Mittelalter. München: Beck.

Franz, Arthus (1927): Die reflektierte Handlung im 'Cliges'. In: ZRP, 47. 61-88.

Golther, Wolfgang (1907): Tristan und Isolde in den Dichtungen des Mittelalters und der neuen Zeit. Leipzig: S. Hirzel Verlag.

Gotzmann, Carola L. (1989): Artusdichtung. Stuttgart: Metzler.

Greimas, Algirdas Julien (1971): Strukturelle Semantik. Methodologische Untersuchungen. Autorisierte Übersetzung aus dem Französischen von Jens IHWE. Braunschweig.

Gruenter, Rainer (1993): Tristan-Studien. Heidelberg: Universitätsverlag C. Winter.

Hahn, Ingrid (1964): Besprechung von P.W. Tax: Wort, Sinnbild, Zahl im Tristanroman. In: AdfA 75.

Haug, Walter (1986): Gottfrieds von Straßburg „Tristan". Sexueller Sündenfall oder erotische Utopie? In: Akten des VII. internationalen Germanisten-Kongresses Göttingen, 1985: Kontroversen, alte und neue Hrsg. V. Albrecht Schöne. Bd. 1. – Tübingen, 1986.

Haug, Walter (1999): Gottfrieds von Straßburg Verhältnis zu Thomas von England im Licht des neu aufgefundenen ‚Tristan' – Fragments von Carlisle. Amsterdam: Koninklijke Nederlandse Akademie van Wetenschappen.

Hollandt, Gisela (1966): Die Hauptgestalten in Gottfrieds Tristan. Wesenszüge, Handlungsfunktion, Motiv d. List. Berlin: E. Schmidt.

Jupé, W. (1976): Die ‚List' im Tristanroman Gottfrieds von Straßburg: Intellektualität und Liebe oder die Suche nach dem Wesen der individuellen Existenz. Heidelberg: Carl Winter Verlag.

Keck, Anna (1998): Die Liebeskonzeption der mittelalterlichen Tristanromane. Zur Erzähllogik der Werke Bérouls, Eilhardts, Thomas' und Gottfrieds. München: Fink.

Kittler, Friedrich (2004): Isolde als Sirene. In: Medium und Gedächtnis. Von der Überbietung der Grenze(n). Hrsg. v. Franziska Sick und Beate Ochsner (Hrsg.). Frankfurt am Main: Peter Lang. 2004. S. 97-109.

Kraschewski-Stolz, Siegrun (1983): Studien zu Form und Funktion der Bildlichkeit im ‚Tristan' Gottfrieds von Straßburg. Göppingen: Kümmerle Verlag.

Maier-Eroms, Verena Eleonore (2007): "Heldentum" und "Weiblichkeit" im Mittelalter und in der Neuzeit: Am Beispiel von Wolframs Parzival, Gottfrieds Tristan und Richard Wagners Musikdramen. Dissertation, Universität Regensburg.

Mälzer, Marion (1991): Die Isolde-Gestalten in den mittelalterlichen deutschen Tristan-Dichtungen. Ein Beitrag zum diachronischen Wandel. Heidelberg: Carl Winter Universitätsverlag.

Mertens, Volker (1998): Der deutsche Artusroman. Stuttgart: Philipp Reclam jun.

Miklautsch, Lydia (1994): Mutter-Tochter-Gespräche. Konstituierung von Rollen in Gottfrieds Tristan und Veldekes Eneide und deren Verweigerung bei Neidhardt. In: Personenbeziehungen in der mittelalterlichen Literatur. Hrsg. v. Helmut Brall, Barbara Haupt, Urban Küsters (Hrsg.). Düsseldorf: Droste Verlag. 1994. S. 89- 107.

Mikasch-Köthner, Dagmar (1991): Zur Konzeption der Tristan-Minne bei Eilhardt von Oberg und Gottfried von Straburg, Stuttgart: Helfant-Ed.

Nagel, Bert (1977): Staufische Klassik. Deutsche Dichtung um 1200. Heidelberg: Stiehm.

Nauen, Hans-Günther (1947): Die Bedeutung von Religion und Theologie im Tristan Gottfrieds von Straßburg, Diss. Marburg.

Nanz, Ute (2010): Die Isolde-Weißhand-Gestalten im Wandel des Tristanstoffes. Figurenzeichnung zwischen Vorlagenbezug und Werkkonzeption. Heidelberg: Carl Winter Universitätsverlag.

Opitz, Claudia (1991): Emanzipiert oder marginalisiert? Witwen in der Gesellschaft des späten Mittelalters. In: Auf der Suche nach der Frau im Mittelalter. Fragen, Quellen, Antworten. Hrsg. v. Bea Lundt (Hrsg.) München: Fink. 1991. S. 25-48.

Pfeiffer, Lore (1970): Zur Funktion der Exkurse im Tristan Gottfrieds von Straßburg. Inaugural-Dissertation zur Erlangung der Doktorwürde der Philosophischen Fakultät der Philipps-Universität Marburg/Lahn.

Pfister, Manfred (2000): Das Drama. Theorie und Analyse. 10. Auflage. Erweiterter und bibliographisch aktualisierter Nachdruck der durchgesehenen und ergänzten Aufl. 1988. München: Fink.

Ridder, Klaus/Langer, Otto (2002): Körperinszenierungen in mittelalterlicher Literatur. Berlin: Weidler.

Ruh, Kurt (1977): Höfische Epik des deutschen Mittelalters I. Von den Anfängen bis zu Hartmann von Aue. 2. verb. Aufl. Berlin. (Grundlagen der Germanistik 7).

Schausten, Monika (1999): Erzählwelten der Tristangeschichte im hohen Mittelalter. München: Fink.

Scherer, Wilhelm (1899^8): Geschichte der deutschen Literatur, Berlin: Outlook Verlags-GmbH.

Schlösser, F. (1960): Andreas Capellanus. Seine Minnelehre und das christliche Weltbild um 1200. Bonn.

Schöning, Brigitte (1989): Name ohne Person. – Auf den Spuren der Isolde Weißhand. In: Der frauwen buoch. Versuche zu einer feministischen Mediävistik. Hrsg. v. Ingrid Bennewitz. Göppingen: Kümmerle Verlag. 1989. S. 159-178.

Schulze-Belli, Paola/Dallapiazza Michael (1990): Der ‚Tristan' in der Literatur des Mittelalters. Triest: Associazione di cultura medioevale.

Schwarz, Werner (1955): Gottfrieds von Straßburg Tristan und Isolde. Antrittsrede Amsterdam. Groningen – Djakarta.

Spiess, Gisela (1957): Die Bedeutung des Wortes triuwe in den mhd. Epen Parzival, Nibelungenlied und Tristan. Diss. Phil. Heidelberg.

Sosna, Anette (2003): Fiktionale Identität im höfischen Roman um 1200: Erec, Iwein, Parzival, Tristan. Stuttgart: S. Hirzel Verlag.

Stein, Peter K. (2001): Tristan Studien. Stuttgart: S. Hirzel Verlag.

Tomasek, Tomas (1985): Die Utopie im Tristan Gotfrids von Straßburg. Tübingen: Max Niemeyer Verlag.

Uecker, Heiko (2008): Der mittelalterliche Tristan-Stoff in Skandinavien. Einführung, Texte in Übersetzung, Bibliographie. Berlin: Walter de Gruyter.

Wapnewski, Peter (1981): Tristan der Held Richard Wagners. Berlin: Verlagsbuchhandlung KG.

Wapnewski, Peter (1964): Tristans Abschied. Ein Vergleich der Dichtung Gotfrits von Straßburg mit ihrer Vorlage Thomas. In: Festschrift für Jost Trier. Köln 1964.

Wenzel, Horst (1974): Frauendienst und Gottesdienst. Berlin: Erich Schmidt Verlag.

Wenzel, Horst (2005): Höfische Repräsentation. Symbolische Kommunikation und Literatur im Mittelalter. Darmstadt: Wissenschaftliche Buchgesellschaft.

Wetzel, René (1992): Die handschriftliche Überlieferung des „Tristan" Gottfrieds von Strassburg untersucht an ihren Fragmenten. Freiburg, Schweiz: Univ.-Verl.

Wiegand, H. E. (1972): Studien zur Minne und Ehe in Wolframs Parzival und Hartmanns Artusepik. New York: De Gruyter.

Wolf, Alois (1989): Gottfried von Strassburg und die Mythe von Tristan und Isolde. Darmstadt: Wissenschaftliche Buchgesellschaft.

Zak, Nancy C. (1986): On the edge. The dark figure (!) in medieval German und Germanic literature. Ed. By Edward R. Haymes an Stephanie Cain Can D'Elden. Göppingen.

www.ingramcontent.com/pod-product-compliance
Lightning Source LLC
Chambersburg PA
CBHW070642300426
44111CB00013B/2223